Bénévoles... et vous ?

Bénévoles... et vous ?

Sous la direction d'Anne Dhoquois

Préface de Stéphane Hessel

Dessins de Muzo

Éditions Autrement

SOMMAIRE

PRÉFACE

Crise du logement, exclusion des plus fragiles d'entre nous, expulsion d'immigrés, déserts culturels… Les raisons de s'indigner sont nombreuses. Mais nombreux, aussi, sont ceux qui rejettent l'indifférence pour choisir l'engagement – à l'image de ces 18 millions de bénévoles en France, dont la parole est ici mise en valeur. Des bénévoles engagés dans des luttes diverses, mus par des motivations qui le sont tout autant, mais qui, de par leur posture citoyenne, défendent un nouveau modèle de société. Ou, pour le moins, une envie de s'extraire de la course du « toujours plus » de compétition, d'argent, de consommation… à travers de multiples stratégies personnelles.

Bien sûr, les actions bénévoles sont multiples, dispersées diront certains, éclatées renchériront d'autres. Bien sûr, mais au fond, qu'importe ? L'important est ailleurs. L'important, c'est l'action. L'action, plutôt que l'immobilisme. L'action, plutôt que la lâcheté ou la résignation. L'action… mais pas dans la précipitation. Car le bénévole prend son temps tout autant qu'il en donne ; il s'arrête sur les autres, et ce faisant il se trouve lui-même. Il prend le temps du partage et de la rencontre. Et plus que cela encore, il invente de nouvelles façons de partager et de rencontrer, comme le montre la jeune génération qui, à travers Internet et les réseaux, renouvelle le genre, quitte à obliger les vieux routiers du bénévolat à opérer de petites révolutions.

Bien sûr, le bénévolat ne résout pas tout. Il a ses limites, limites que les pouvoirs publics, en se désengageant de certains territoires ou de certaines problématiques, poussent parfois un peu trop loin, prenant le risque de faire exploser des équilibres fragiles, comme dans nos banlieues, ainsi que le relatent avec force des acteurs engagés dans les quartiers.

Et c'est tout le mérite de ce livre que de mêler analyse d'un phénomène et histoires vécues, témoignages de dirigeants associatifs et d'observateurs. Mais aussi de donner à voir la diversité des bénévoles et du bénévolat tant par les champs d'action couverts que par les modes d'engagement possibles aujourd'hui. Autant de gestes, d'attention portée, d'empathie qui mis bout à bout réparent quelque peu les dégâts causés par une violence sociale grandissante. Et qui font de toutes ces personnes engagées des individus responsables.

C'est pourquoi cet ouvrage, parmi d'autres, s'inscrit naturellement dans le débat national qui s'annonce lors de la prochaine élection présidentielle. Car l'engagement interroge sur les valeurs que nous souhaitons défendre collectivement. Sur la société que nous voulons construire. Et sur les moyens de renouer avec l'espoir d'un monde meilleur. Car il faut espérer… Il faut toujours espérer.

Stéphane Hessel

INTRODUCTION

Je reviendrai et je serai 18 millions

Qu'ont en commun Margot, 19 ans, adhérente d'un club de patinage artistique de banlieue, Mary, 65 ans, engagée dans des actions culturelles au sein de son village du Tarn, ou Manuel, 29 ans, militant parisien de Jeudi noir ? Tous les trois donnent de leur temps bénévolement pour faire avancer une cause ou vivre leur passion. Bénévole, c'est donc le point commun de leur démarche qu'ils partagent avec de nombreux autres citoyens actifs dont la parole est ici mise en valeur. Une parole importante au regard de leur nombre car la France peut se targuer de compter dans ses rangs 18 millions de bénévoles et autant d'histoires particulières.

Certains sont adhérents, d'autres non. Certains se revendiquent d'une démarche politique ou religieuse, d'autres pas du tout. Certains le sont pour des raisons personnelles (renouer avec son histoire, drame familial, etc.), d'autres pour passer le temps… Et c'est ce qui fait la richesse de ce monde mouvant. Mouvant aussi du fait de la jeune génération qui, avec les nouveaux moyens de communication mais aussi une approche plus festive et plus soumise au principe du « donnant-donnant », renouvelle le genre. Charge aux structures associatives de prendre en compte les outils à leur disposition pour recruter et fidéliser leurs bénévoles, leur proposer des missions correspondant à leur disponibilité et à leurs envies. Loin de l'image d'Épinal du bénévole, ce livre donne ainsi à voir la créativité du monde associatif et militant pour utiliser les médias, assurer une meilleure gouvernance interne ou rebooster des secteurs entiers d'activité…

Mais si l'aspect innovant et vivant du bénévolat en France constitue un pan important de notre démarche éditoriale, mise en œuvre par une dizaine de journalistes, l'angle analytique nous a aussi semblé fondamental. Pourquoi s'engage-t-on aujourd'hui ? Qui sont les bénévoles ? Quelles peuvent être les déceptions et les frustrations liées parfois à ce type d'action ? Quelles en sont les retombées potentielles sur le plan professionnel ? Quel regard portent les entreprises sur l'engagement de leurs salariés ? Ou encore, quelles en sont les limites quand le bénévolat s'applique sur des territoires, tels que les banlieues, où les besoins sociaux dépassent parfois leurs compétences ? Autant de questions qui amènent directement à s'interroger sur la place du bénévolat dans la société, en termes de poids économique mais aussi de maillon d'une chaîne de solidarité. Ce faisant, c'est bien le rapport à l'autre, à la différence, à la fragilité et au « vivre ensemble » qui est ici posé. Sujet politique s'il en est, le bénévolat, à travers ce livre, s'invite donc à la table du débat national qui s'annonce à l'occasion de l'élection présidentielle. C'est pourquoi nous avons sélectionné des *verbatim* (voir page 158), issus des articles réunis dans le livre, ayant comme point commun de proposer des mesures pour développer le désir d'engagement, faciliter le passage à l'acte et mieux prendre en compte les nouvelles aspirations de la jeune génération. Formulées par des anonymes ou des personnalités, des bénévoles, des employeurs ou des dirigeants d'associations, ces suggestions réveillent nos consciences, nous font entrevoir d'autres réalités et, pourquoi pas, nous donnent envie d'agir…

Anne Dhoquois

ANALYSER

Le bénévolat, c'est la rencontre entre une envie et une organisation. Pour bien comprendre les mécanismes à l'œuvre lors d'une telle jonction, il fallait s'attacher à décoder le contexte social facilitant le passage à l'acte. Ainsi, dans une période de crise, les individus inventent et développent des moyens pour réparer, apaiser, atténuer ce que la société génère en termes d'exclusion, de violence, de précarité… Rendant encore plus vivace l'envie de partager et de se mettre sur pause, pour le seul plaisir de l'échange. Le bénévolat est l'un de ces moyens… Mais comme tout phénomène soumis à la loi de l'offre et de la demande, il a ses ratés, des bonnes volontés cherchant associations désespérément ou associations n'ayant pas saisi une évolution majeure des modalités de l'engagement, celle du donnant-donnant. Car, et c'est une autre caractéristique de l'époque, on donne pour recevoir et pour s'enrichir. Mais aussi pour mettre à profit les compétences acquises dans le cadre du bénévolat, un atout devenu non négligeable sur un CV. C'est ce que les entreprises ont compris en organisant, pour certaines d'entre elles, l'engagement de leurs propres salariés, facteur par ailleurs de cohésion.

La société doit aujourd'hui composer avec un individualisme triomphant… Mais force est de constater que lorsque ce même individu n'est ni broyé ni nié, il est prêt à s'engager pour créer du sens, du lien et du collectif.

Les grandes tendances du bénévolat en France

Définir le profil type du bénévole tient de la gageure, et c'est tant mieux ! Cela reviendrait à ne s'attarder que sur l'arbre statistique alors que celui-ci cache une forêt aux multiples essences, et à figer un mouvement en constante évolution. Plutôt que de se contenter d'un cliché réducteur, tentons donc de prendre la mesure de cette réalité diverse et changeante à travers quelques indicateurs, en faisant émerger les grandes tendances qui animent le monde bénévole.

Tendance à l'augmentation, d'abord. Le nombre de bénévoles s'accroît de 4 % à 5 % chaque année[1] et, selon les études, globalement, varie de 11 à 18,3 millions (voir encadré). La recherche de sens, le souci d'être utile, le plaisir d'agir restent les trois fondamentaux de l'engagement bénévole, motivations vécues différemment selon les âges. Augmentation du nombre des associations également, avec un solde positif de 35 000 créations chaque année ; un mouvement qui traduit bien l'évolution de notre société et de ses besoins : depuis 2001, les secteurs de l'éducation, de la formation et de l'insertion mais aussi de l'action sociale (aide à domicile, en particulier) sont en pointe, répondant ainsi aux difficultés spécifiques de l'époque.

Mais certaines créations ne répondent pas nécessairement à un besoin nouveau. Par manque d'informations sur l'offre existante, par souci de créer sa propre structure ou suite à une scission au sein d'une association, on en vient à multiplier l'offre, au risque de la redondance, de la concurrence et de l'émiettement de la ressource humaine !

1 Source : ministère de la Santé, de la Jeunesse et des Sports, 2007.

QUI M'AIDE À FAIRE LA VAISSELLE ?
Laisse tomber ; c'est encore un truc bénévole !

D'autant que ces jeunes structures attirent souvent les nouveaux bénévoles, au détriment d'associations plus anciennes, qui peinent parfois à maintenir et à renouveler leurs équipes…

Tendance à l'action, ensuite. On est désormais plus sensible aux valeurs individuelles qu'aux valeurs collectives que véhicule le projet associatif. Le choix de l'association est donc fonction de la mission qu'on pourra y accomplir, de préférence sans engagement particulier dans la structure elle-même. On peut voir là la trace de l'histoire récente : l'effondrement des idéologies, la fin de l'opposition radicale entre deux modèles économiques et politiques ont gommé la dimension militante de l'engagement, faisant place à des trajectoires plus personnelles. Ce que l'on peut également en déduire de façon plus triviale, c'est que le zapping n'épargne pas le bénévolat ! Ainsi, l'engagement moyen des jeunes est de l'ordre de trois à quatre mois, à raison de deux à trois heures par semaine[2]. Une instabilité qui pèse sur l'avenir d'associations soucieuses de leur pérennité et qui souhaitent trouver une relève à des équipes dirigeantes vieillissantes.

Car un encadrement solide est plus que jamais nécessaire pour relever les défis qui assaillent les associations dans un environnement économique difficile, face à une réglementation de plus en plus complexe, à la concurrence d'autres associations et à la menace d'être progressivement confrontées au secteur privé, notamment dans le domaine de l'action sociale.

D'où la tendance à la professionnalisation des associations, tendance qui répond à deux volontés complémentaires. D'une part, accroître le nombre des salariés, à la mesure des moyens financiers et des besoins opérationnels (mais cela ne

2 Source : CERPHI-France Bénévolat.

concerne qu'une minorité d'associations : 16 %) ; d'autre part, accroître la qualification des bénévoles, rechercher des profils « pointus » capables de trouver des solutions à des problématiques administratives, financières, informatiques de plus en plus complexes et vitales pour le développement de la structure, capables aussi à terme de prendre la relève des bénévoles dirigeants.

« La recherche de sens, le souci d'être utile, le plaisir d'agir sont les points cardinaux de l'engagement associatif. »

Car le milieu associatif souffre d'un vieillissement inquiétant de son encadrement ! Si l'expérience constitue un gage de crédibilité, il n'en faut pas moins préparer l'avenir. Or, 57 % des présidents d'association ont plus de 55 ans, 46 % sont retraités, et les plus de 65 ans (17 % de la population) représentent 38 % des forces bénévoles des associations[3] !

Les jeunes : priorité au « donnant-donnant »

L'avenir passe donc par une fidélisation du public jeune, garant d'un renouvellement des cadres à terme. Certes, les jeunes ne sont pas absents du bénévolat : les 15-34 ans – 25 % de la population – fournissent 31 % des effectifs bénévoles. Mais leurs motivations, leurs habitudes, leurs attentes, leurs modes d'intervention ne correspondent pas obligatoirement au cadre associatif conçu par leurs aînés ; les jeunes s'engagent pour prendre des responsabilités rapidement et n'ont pas nécessairement un attachement particulier à l'égard de l'association en tant que telle. Et il convient d'en

3 Source : ministère de la Santé, de la Jeunesse et des Sports, 2007.

tenir compte pour ne pas décourager les bonnes volontés et séduire les talents ! Bien sûr, on conçoit aisément qu'à l'aube de la vie professionnelle, la disponibilité soit moindre que pour les seniors, mais se contenter de cette évidence pourrait signifier un réveil brutal.

On l'a déjà dit, la recherche de sens, le souci d'être utile, le plaisir d'agir sont les points cardinaux de l'engagement associatif, les moins de 25 ans n'y échappent pas. Au palmarès des motivations, ils arrivent même très largement en tête, toutes générations confondues, lorsqu'il s'agit d'être utile ; même constat pour l'épanouissement personnel et le plaisir... Mais ils se distinguent sur un point : le souhait d'acquérir une compétence par le biais du bénévolat, et donc d'exercer des responsabilités.

On devine ainsi chez les jeunes une attente nouvelle que l'on peut qualifier de « donnant-donnant » : l'association est perçue comme un lieu de formation pour 26 % des moins de 25 ans, plus particulièrement dans les domaines de la communication, du soutien psychologique et de la gestion ; c'est un lieu où l'on peut accéder à des responsabilités plus importantes, « monter en grade » en quelque sorte !

Concrétisation de cette tendance : la prise en compte des actions bénévoles (conduite de projets, de négociations, etc.) dans la démarche de valorisation des acquis de l'expérience (VAE), la création du « passeport bénévole » ou du « carnet de vie du bénévole », qui répertorient les expériences bénévoles de son titulaire, et le souhait d'une valorisation de l'engagement associatif au niveau des diplômes universitaires : des atouts supplémentaires face à un employeur.

L'enthousiasme reste cependant le dénominateur commun à l'engagement des jeunes. Il appartient aux responsables associatifs de l'entretenir en améliorant l'accueil des nouvelles recrues, en veillant à leur bonne intégration dans l'équipe, en encourageant leur prise de responsabilités.

Mais il leur faut également concevoir un fonctionnement compatible avec les nouveaux modes de vie : un engagement moins chronophage, plus souple et axé autant que faire se peut sur les nouvelles technologies. Les « Web-bénévoles » arrivent et, avec eux, tout un nouveau lot de compétences (traduction, comptabilité, création de visuels...). Si ce n'est pas l'unique réponse à toutes les missions du monde associatif, Internet n'en est pas moins une extension du champ de l'action à prendre en compte tant pour les services qu'il peut rendre que pour la mobilisation des bénévoles de demain.

Yves Gillis

QUELQUES CHIFFRES

• **1,1 million d'associations** dans les secteurs suivants : sports (24,1 %), loisirs (17,8 %), culture (18,3 %), défense des droits (15,5 %), jeunesse-éducation populaire (13 %), etc.

• **18,3 millions*** de Français bénévoles[4] dont :
11,3 millions au sein d'associations ;
4,5 millions dans des organisations syndicales, politiques, confessionnelles ;
7,4 millions pratiquent le bénévolat de proximité, hors structures formelles.
41 % des bénévoles ont des engagements multiples, ce qui explique que l'addition des trois précédents chiffres dépasse largement 18,3 millions.
Par ailleurs, 10 millions de Français de plus de 15 ans ont participé à des actions bénévoles par le passé.

* Certaines études avancent des chiffres différents : 11 ou 14 millions. Difficile, en effet, de mesurer précisément une population par définition mouvante et parfois non répertoriée.

• **Bénévoles et salariés**
84 % des associations ne fonctionnent qu'avec des bénévoles. Les associations dédiées à l'action sociale et à la santé emploient 49 % du 1,9 million de salariés (1 million « équivalent temps plein ») que compte le secteur associatif.

4 Source : *La Situation du bénévolat en France en 2010*, enquête réalisée par l'IFOP et France Bénévolat avec le concours du Crédit mutuel.

BÉNÉVOLES DE TOUS LES PAYS... D'EUROPE

Selon une étude de la Commission européenne, de 92 à 94 millions d'Européens ont des activités bénévoles, soit 22 % à 23 % de la population de plus de 15 ans.
Avec un taux d'implication de 40 %, les citoyens des Pays-Bas et de Suède arrivent très largement en tête. Avec 36 %, la France se situe dans une bonne moyenne. À l'inverse, l'Italie, la Grèce, la Lituanie ou la Bulgarie atteignent à peine un taux de 10 %.

Les mots pour le dire

Certains sont bénévoles, d'autres militants, d'autres enfin ont le statut de volontaire. Certains agissent au sein d'associations, d'autres dans le cadre de l'économie sociale et solidaire... Petit aperçu des mots-clés de l'engagement.

2011, année européenne du bénévolat et du volontariat pour la promotion de la citoyenneté active : une année d'échanges d'expériences et de bonnes pratiques pour créer les conditions propices au développement du bénévolat dans l'Union européenne au travers de conférences, débats, manifestations, campagnes d'information, etc. L'occasion de souligner son importance, mais aussi son ancrage dans la société et ce depuis la nuit des temps. Le souhait de s'organiser en groupements professionnels, confréries religieuses ou associations de secours mutuel apparaît dès l'Antiquité. En France, le Moyen Âge est marqué sans conteste par la création de la commune, qui repose sur un groupement d'habitants qui s'unissent par serment dans une association de paix, notamment destinée à faire front contre le pouvoir féodal ; dans le même temps, les ouvriers et artisans s'organisent en guildes, corporations et autres cercles compagnonniques, dans un esprit de solidarité. Après la Révolution, le droit de s'assembler et de former des sociétés libres est reconnu ; la route est désormais tracée. Le XIXe siècle va voir la naissance du mouvement mutualiste, de l'entraide ouvrière, des syndicats et, à l'orée du XXe siècle, en 1901, des associations. Mais que recouvrent exactement le bénévolat et ses cousins que sont le volontariat ou le militantisme ? Et dans quels cadres s'exercent-ils ? Les définitions ci-dessous lèvent un coin du voile...

Associations : Elles sont nées en France de la loi du 1er juillet 1901, qui donne à tout citoyen le droit de s'associer, sans autorisation préalable, ce qui ouvre la porte à l'action collective. Cette loi est fondée sur les principes de la Révolution de 1789 : primauté de l'individu, de ses droits et de sa liberté, limitation de l'objet de l'association à un but défini, égalité des membres de l'association, administration de l'association par libre délibération de ses membres.

Bénévole : Celui ou celle qui s'engage librement pour accomplir une tâche non salariée, qui donne de son temps libre. Le mot vient du latin *benevolus* : « bienveillant », « qui veut bien ». Il faut distinguer les bénévoles occasionnels qui interviennent sur un projet ponctuel, les bénévoles réguliers qui prennent en charge des tâches définies dans la structure, et les bénévoles dirigeants qui impulsent la politique de l'association.

Charte du bénévolat : Proposée par France Bénévolat en 2006, elle précise les droits du bénévole en matière d'information, d'accueil et d'intégration, de développement des compétences, de couverture sociale, mais aussi ses devoirs : l'adhésion aux objectifs de l'organisation et à l'éthique de l'association, l'engagement à accomplir efficacement sa mission, etc.

Citoyen : Par son implication dans le développement d'une activité, dans l'animation de la cité, son engagement volontaire et désintéressé dans la vie publique, le bénévole est « plus citoyen que les autres et fait vivre la démocratie » (Dan Ferrand-Bechmann).

Économie sociale et solidaire (ESS) : Ce secteur regroupe les associations, les coopératives (hors agriculture), les mutuelles et les fondations, soit 215 000 établissements et 2,2 millions d'emplois ; 90 % des entreprises de service à la personne, 45 % des maisons de retraite, 60 % des organismes complémentaires santé, les banques mutuelles, etc., sont gérés par l'ESS.

Emplois aidés : Plus d'une association employeuse sur quatre a recours à ces emplois ; un « emploi jeune » sur deux est pérennisé, ce qui souligne le rôle du secteur associatif dans le processus d'insertion. La mise à disposition de salariés par des organismes extérieurs permet également d'alléger le poids de la masse salariale ; les secteurs de l'action sociale, de la santé et du sport concentrent l'essentiel de cette ressource.

Financement : Nerf de la guerre, sensible par nature, il est – tous secteurs confondus – pour moitié d'origine privée (cotisations, dons et mécénat, recettes d'activités privées) et, pour moitié, émane des pouvoirs publics (municipalités, départements, régions, État, Europe, mais aussi certains organismes sociaux).

Militant : Dans sa définition initiale, « militant associatif » est interchangeable avec « bénévole ». Cependant, l'usage veut qu'on parle davantage de militant dans la sphère politique et syndicale que dans la sphère associative. La frontière est cependant assez floue dès lors que les associations entrent dans le domaine de la défense des droits et des individus (sans-papiers, sans-logis, par exemple).

Service civique : Il s'adresse aux 16-25 ans et peut être effectué au sein d'une association, d'une fondation, d'une ONG pendant 6 à 12 mois à raison de 24 heures par semaine. Il donne lieu à une indemnité.

Service volontaire européen : Il requiert un partenariat entre un volontaire de 18 à 30 ans, un organisme d'envoi et une structure d'accueil à but non lucratif. Le volontaire effectue des tâches d'intérêt général dans des domaines très divers : social, aide à la personne, art et culture, patrimoine, environnement...

Volontaire : Celui ou celle qui signe un contrat écrit, prévoyant une durée d'intervention et des conditions de réalisation d'une action et donnant droit à indemnisation et couverture sociale. En anglais, le terme *volonteer* est l'équivalent de notre bénévole.

Yves Gillis

Bénévoles déçus, bénévoles perdus ?

Mur du silence, usure, malentendus, disputes… Tout n'est pas rose dans la vie du bénévole. D'après France Bénévolat, un quart de ceux qui jettent l'éponge le font pour des problèmes d'organisation. Tandis que 20 % des responsables d'associations estiment que le savoir-faire de leurs bénévoles est inadapté, selon les enquêtes du réseau Recherches et Solidarités. Les remèdes contre les frustrations et les déceptions : la formation… et le plaisir.

« Le bénévolat n'est pas forcément tout rose ! C'est souvent une question de rencontres, et parfois elles peuvent être décevantes. On peut vous claquer la porte au nez, regrette Marine Laure, 31 ans, qui a voulu s'engager aux Restos du cœur lorsqu'elle était étudiante. J'habitais dans la Sarthe, c'était ma première année à la faculté du Mans, mes premiers moments d'indépendance… Et j'ai ressenti le besoin de m'investir pour une cause. Un ami avait fait une campagne pour les Restos du cœur et il en parlait avec beaucoup d'enthousiasme. J'ai alors assisté à la réunion d'information organisée par le centre local au moment où il préparait la campagne d'hiver. J'ai passé un entretien où tout s'était soi-disant bien passé… J'attends toujours une réponse. » Roger Miot n'était pas responsable à l'époque des Restos du cœur de la Sarthe, mais cette histoire l'étonne tant les besoins pour distribuer les repas augmentent. Et pourtant, les candidats au bénévolat qui restent à la porte des associations ne sont pas une légende. Jean-Philippe Brun aime à le répéter, même si ce rôle de Cassandre ne lui plaît pas. Responsable de la section France Bénévolat dans le Val-d'Oise, une association qui aide les futurs bénévoles à s'orienter, il voit défiler de nombreux candidats au bénévolat perdus parmi les milliers d'associations existantes. « L'accueil, c'est souvent le premier écueil des associations. Je vais être provocateur : pour moi, dans un cas sur deux, les personnes qui s'adressent pour la première fois à une association pour y faire du bénévolat ne sont pas accueillies. Les courriers électroniques restent régulièrement lettre morte. Et les candidats qui se déplacent pour un contact direct ne tombent pas toujours sur la bonne personne. Du coup, on ne leur prête pas systématiquement attention. Or, pour moi, et c'est ce que nous prônons à France Bénévolat par le biais de nos formations, c'est le minimum de la courtoisie. »

Coordonner l'offre et la demande

De la courtoisie... Régine Cohen aurait bien aimé en bénéficier quand elle s'est présentée à la porte d'une grande confédération syndicale pour y être bénévole. « Je suis une spécialiste du droit du travail : j'étais maître de conférences à Paris-VII et inspectrice du travail, raconte-t-elle. Alors au moment de la retraite, il y a six ans, j'ai souhaité mettre mes compétences au service d'un syndicat pour accompagner et assister les travailleurs qui passent aux prud'hommes, c'était pour moi une évidence. Je me suis adressée à la CFDT, à laquelle j'avais adhéré un temps. » Courriers, appels téléphoniques... Elle ne reçoit aucune réponse à son offre. Un avocat de sa connaissance qui travaille pour le syndicat lui demande d'insister. « Il m'a clairement fait comprendre qu'ils avaient besoin de monde, et il m'a conviée à une réunion à Paris avec les autres bénévoles. Mais l'accueil a été glacial, c'était comme si je n'étais pas là... », se souvient Régine. Impression confirmée peu de temps après ce premier contact. « D'abord, je n'ai pas eu de chance, l'avocat qui était intéressé par mes services est parti exercer dans une autre ville. Et puis, le syndicat ne m'a confié aucun dossier. Je suppose qu'ils ne font pas confiance à ceux qui ne sont pas adhérents. En fait, j'attends toujours une explication, car j'ai vécu cela comme une blessure, je voulais être utile... » À la CFDT, on ne se souvient pas de l'histoire. Une histoire qui aurait pu générer suffisamment de frustration pour la dissuader d'aller voir ailleurs. « Plusieurs millions de personnes ne donnent plus de leur temps parce qu'elles ont été déçues par le milieu associatif, analyse Dominique Thierry, vice-président de France Bénévolat. Cela fait autant de personnes perdues pour les associations : un bénévole déçu se réinvestit très rarement. »

> « Plusieurs millions de personnes ne donnent plus de leur temps parce qu'elles ont été déçues par le milieu associatif. »

De plus, ce gâchis de vocations par manque de temps ou d'égards est une réalité constatée dans toutes les structures. « Même dans les grosses associations hyperprofessionnalisées comme Médecins du monde ou Médecins sans frontières, des erreurs sont commises, explique Jean-Philippe Brun. J'ai le souvenir d'un directeur de la logistique d'un des plus grands transporteurs de France, une filiale de la SNCF, qui, lorsqu'il a pris sa retraite, a proposé ses services à ces associations humanitaires. Il se disait qu'avec ses compétences d'organisateur, ses postes à l'étranger, en Chine et aux États-Unis, il allait être accueilli facilement ou, au moins, être pris au sérieux... Lorsqu'il a téléphoné pour être recruté, il est tombé sur un *call center*, où une personne, certes aimable, n'a fait que lire une grille standard pour déterminer si son profil convenait... L'entretien s'est arrêté à la première question ! À savoir, s'il était bilingue français-anglais.

Le jeune retraité a dit qu'il n'était pas bilingue, même s'il savait parfaitement se faire comprendre dans la langue de Shakespeare ; et puis, il estimait avoir d'autres compétences à faire valoir. Eh bien, non ! L'entretien s'est arrêté là... » Dix-huit mois après cette déconvenue, le jeune retraité a fini par frapper à la porte de France Bénévolat du Val-d'Oise et trouver une association moins médiatique mais où il peut exercer ses talents. La volonté de Régine Cohen a également fini par être récompensée. Depuis quatre ans, elle fait du bénévolat à la Cimade, une association de solidarité envers les migrants. « Je suis satisfaite, confie-t-elle. Mes compétences juridiques sont mises à profit. » Deux histoires qui, même si elles se finissent bien, pointent la difficulté de coordonner une offre et une demande...

Changement des mentalités

Malentendus, désorganisation, critères de sélection rigides, mais aussi parfois une mauvaise orientation personnelle (choix d'une grosse structure plutôt qu'une petite, ou d'un secteur d'activité qui ne correspond pas à ses compétences ou à ses capacités), les motifs expliquant les rendez-vous ratés sont légion. Laure, chargée de mission à France Bénévolat, en évoque un autre : « Des membres d'associations estiment encore aujourd'hui que le moteur de l'engagement ne doit être que l'adhésion à une cause... Il y a quelques années, après un long séjour linguistique en Espagne, j'ai été tentée de prendre contact avec une association internationale pour mettre à profit ma pratique de l'espagnol. J'avais choisi Action contre la faim, car ils avaient des missions en Amérique latine. Mais au téléphone, je suis tombée sur un militant un peu puriste qui m'a envoyée sur les roses en me demandant à la fin de l'entretien d'un ton culpabilisateur : "Vous souhaitez vous engager pour vous ou pour la cause ?" »

Or, un changement de mentalités s'est opéré depuis plusieurs années chez les candidats au bénévolat. Les jeunes générations s'engagent de moins en moins pour des grandes causes idéalistes. « Ils veulent des actions pragmatiques, des effets concrets, des missions temporaires », estime Jean-Philippe Brun. Son constat est partagé par Joëlle Bottalico, en charge de l'institut de formation et de l'accueil des bénévoles au Secours populaire : « Il y a une quinzaine d'années, le volontaire s'engageait en connaissance de cause. Il connaissait nos activités, notre projet, ça lui plaisait et il nous rejoignait. Aujourd'hui, il vient nous voir, offre ses services à ses conditions et attend de voir ce qu'on lui propose. » À Espace Bénévolat, les conseillers sont habitués à ces nouvelles exigences. Isabelle Peroz, sa présidente, raconte : « Le bénévole qui consacre cinq jours par semaine à son association, ça n'existe plus. Même un jour dans la semaine, ça devient rare. Souvent, ils acceptent de donner du temps mais de manière ponctuelle, sans s'engager régulièrement. Avant, l'engagement était plus militant, on se dévouait plus facilement ; aujourd'hui, quand on leur en demande trop, ils le vivent moins bien. Le bénévole sait ce qu'il veut : des objectifs, un cadrage. Il est attentif à ses droits. Et il n'hésite plus à quitter l'association s'il n'est pas satisfait. » Le sociologue Roger Sue, membre du Centre de recherche sur les liens sociaux (CERLIS) et fin connaisseur du monde associatif, n'observe pas d'un œil négatif ces changements : l'individualisation, la notion de projet personnel, le zapping des bénévoles. Il commente : « Tout cela ne rentre pas toujours dans la culture des associations, mais il y a du positif. La personnalisation, c'est aussi une recherche d'efficacité. Les bénévoles godillots, ceux qui disent toujours "oui", ça n'apporte pas beaucoup à une organisation. Il est naturel qu'il y ait des conflits et cela peut enrichir l'activité d'une association. D'autre part, le zapping est aussi une source de richesse. Les gens qui passent d'une

LES DÉÇUS DU BÉNÉVOLAT

structure à l'autre réinvestissent les compétences qu'ils ont pu acquérir dans une autre association. »

La formation pour fidéliser

Entrer dans une association n'est pas le seul problème que puisse rencontrer un bénévole. Il faut pouvoir y rester. Dix millions de personnes ont un jour été bénévoles et ne le sont plus actuellement. France Bénévolat s'est intéressée à eux dans *La Situation du bénévolat* (étude de 2010). Interrogés sur les motifs de l'arrêt de leur engagement, ils sont 22 % à évoquer un problème d'organisation de l'association et 7 % des résultats insuffisants.

La fatigue, l'usure, le sentiment de devenir corvéable à merci font aussi partie des désillusions des bénévoles. Christophe Sonzogni n'a ainsi pas connu de difficultés pour entrer à Médecins du monde et assurer des missions à Paris. Mais cinq ans de maraude, une à deux fois par semaine, la nuit, pour aller au-devant des sans-abri, ont eu raison de son dynamisme. « Je n'en pouvais plus, et il n'y avait pas d'autres missions possibles, je ne suis pas soignant. Alors je suis parti », explique-t-il. Un départ lié à une mauvaise gestion des ressources humaines. De fait, pour recruter mais aussi fidéliser les bénévoles, les responsables d'associations sont amenés à mettre en place une stratégie. « Au début, on a un capital : des gens qui acceptent de donner du temps. Il faut le faire fructifier, en proposant des outils pour que ce bénévole "électron libre" se sente bien… et reste », analyse Laurent Pujol. Des outils que ce maître de conférences en gestion du bénévolat à l'université du Mans a détaillés dans *Management du bénévolat*, le premier ouvrage de gestion consacré aux ressources humaines bénévoles. « Mais attention, il faut utiliser cela avec souplesse, prévient Laurent Pujol. Ainsi, l'élaboration d'une fiche de mission avec un profil associé doit être adaptée en fonction des disponibilités, des attentes du bénévole… et être réaliste au départ ! » Mieux vaut donc proposer de partager une mission à deux, voire trois bénévoles plutôt que d'épuiser ses ressources humaines. France Bénévolat abonde en ce sens, même si la structure préfère les termes d'« animation » ou de « valorisation », plus adaptés au monde associatif. Reste que s'occuper des bénévoles devient un métier à part entière au sein des grandes associations. Du coup, depuis deux ans, France Bénévolat propose des sessions de formation pour les responsables associatifs sur cette thématique.

La formation semble être, en effet, le bouclier contre les déceptions. Du reste, le mot revient dans la bouche des représentants de la plupart des grandes associations humanitaires. Et selon Recherches et Solidarités, un réseau d'experts sur la solidarité qui a pour objet de mieux connaître et de mieux faire connaître en France toutes les formes de solidarité, il y a des efforts à fournir. Le réseau affirme, en effet, que pour près de 20 % des responsables associatifs, le savoir-faire de leurs bénévoles est inadapté. Ils ont été jusqu'à identifier les compétences qui leur font le plus défaut : le montage de projets et la recherche de financements, l'événementiel et la communication, la réglementation et le projet associatif. « On essaie d'améliorer nos pratiques de solidarité dans la durée, explique Joëlle Bottalico. L'accompagnement, la reconquête de l'autonomie que l'on propose aujourd'hui aux personnes en difficulté demandent des connaissances, un savoir-faire. Les exigences se sont donc accrues au fil des ans. Et puis les financeurs, aussi bien publics que privés, nous demandent de plus en plus de comptes. Cela nous contraint à avoir des bénévoles qui soient plus compétents. » Au Secours populaire, un parcours spécifique est proposé selon le type de mission qu'exerce le bénévole : formation, trésorerie, informatique, solidarité internationale, accueil… Pour les élus, un parcours de dix-huit mois qualifiant et diplômant de niveau bac + 3 est proposé en partenariat avec Paris-X. Tous cursus confondus, environ deux mille bénévoles sont formés chaque année.

Mais si la formation est un outil efficace, il n'est pas le seul. Pour donner envie au bénévole de rester dans l'association, de s'impliquer, chaque association a sa méthode. Pour Claire Vapillon, vice-présidente de la Fédération française des maisons des jeunes et de la culture (MJC), l'enjeu de la fidélisation passe par la convivialité que les associations peuvent offrir à leurs bénévoles : repas en commun, temps de loisirs… En 2009, la Fédération a organisé trois jours de « master classes artistiques » pendant lesquelles une centaine de jeunes bénévoles ont rencontré cinéastes, danseurs, grapheurs : « Un temps où ils ont vécu une expérience pour eux », dit-elle. Un temps où bénévolat rimait avec plaisir, un antidote puissant contre la frustration…

Mathias Germain

Quand les entreprises s'en mêlent

De plus en plus d'entreprises se lancent en France dans le soutien aux associations. Une mutation qui va de pair avec la diversification des actions soutenues, l'implication éventuelle des salariés et le choix fréquent de la proximité.

Soutenir une bonne cause en signant un chèque ? Une façon de faire du mécénat encore largement répandue en France, où 88 % des 35 000 entreprises mécènes[5] se contentent d'un investissement financier, par ailleurs dérisoire au regard des montants investis par leurs consœurs anglo-saxonnes.

Pourtant, la situation évolue rapidement, avec un nombre d'entreprises mécènes en augmentation sensible (+17 % en 2010[6]), une diversification des causes soutenues ou l'implication de plus en plus importante des salariés dans les actions menées.

« En trente ans, nous sommes passés d'un mécénat culturel à un engagement des entreprises dans le domaine de la solidarité et de l'écologie (dans les années 1990), puis à une ouverture plus humaine de celles-ci sur leur environnement proche », explique Anne Poitrenaud, responsable de la communication et des partenariats entreprises de France Bénévolat. « Car, aujourd'hui, le mécénat s'inscrit dans une nouvelle façon de concevoir la responsabilité sociale des entreprises (RSE) », ajoute-t-elle.

À cet égard, l'exemple d'AXA mérite qu'on s'y arrête. Créée en 1991, l'association « AXA Atout Cœur » est la structure qui porte le mécénat sociétal d'AXA en France. Initiée

---

5 Source : enquête Admical-CSA de 2010.

6 Source : enquête Admical-CSA de 2010.

par le patron Claude Bébéar, son mode d'intervention et les secteurs soutenus – le handicap, le sida et la toxicomanie – ont été validés par le personnel à la suite d'une enquête interne au cours de laquelle plus de 2 000 collaborateurs ont manifesté leur volonté de s'impliquer personnellement sur leur temps libre. Depuis, plus de 2 500 bénévoles sont répertoriés sur le site, ouvert en 2010. Ils peuvent se mobiliser ponctuellement sur des actions d'une journée comme le Sidaction ou la Banque alimentaire, ou s'engager à plus long terme sur du soutien scolaire par exemple. « C'est la part citoyenne d'AXA vis-à-vis de la cité, qui fait partie de son ADN, explique Armelle Soymié, secrétaire générale d'AXA Atout Cœur. Et c'est un outil de mobilisation interne très fédérateur. » Un outil aussi de promotion : y adhérer a en effet pu faciliter certaines ascensions.

Le phénomène n'a pas échappé à un certain nombre d'entreprises, comme BNP Paribas et son programme « Coups de pouce aux projets du personnel », lancé en 2003, ni à Veolia Environnement qui propose à ses salariés via sa fondation plusieurs modes d'engagement. Ou encore à Deloitte, chez qui c'est une grande enquête RH qui a révélé une attente des salariés pour une entreprise plus citoyenne. « Le mécénat est pour l'entreprise une démarche stratégique, qui doit faire sens par rapport à son rôle dans la société et à ses collaborateurs, et de plus en plus en lien avec son entourage proche », explique Bénédicte Menanteau, déléguée générale de l'Admical, une association fondée en 1979 pour promouvoir le mécénat d'entreprise. Et d'ajouter : « C'est aussi souvent un outil de la construction de la "personnalité" de l'entreprise, dans une dimension plus humaine, notamment en incitant ses salariés à s'impliquer dans des missions dites "citoyennes". C'est là en effet que la politique de mécénat prend tout son sens dans la durée. »

L'engagement... sur ses heures de travail

À ce jour, on ne peut pas vraiment parler d'une lame de fond – et ce malgré la loi du 1er août 2003, relative au mécénat, aux associations et aux fondations, et incluant des baisses d'impôt pour les entreprises –, puisque seulement 21 % des entreprises engagées dans le mécénat ont choisi de permettre aux salariés de s'engager auprès d'une association sur leurs heures de travail. Mais, d'après Bénédicte Menanteau, la situation est en passe d'évoluer, et de plus en plus d'entreprises souhaitent impliquer, d'une façon ou d'une autre, leurs collaborateurs.

« Les entreprises qui veulent se lancer dans le mécénat, qu'il soit de compétences ou non, ont parfois des réticences, car ce sont des activités chronophages, explique Jean-Michel Pasquier, directeur général de Koeo.net, une plateforme consacrée au mécénat de compétences lancée au printemps 2009, pour favoriser le rapprochement entre les entreprises et les associations. Mais c'est pourtant pour elles un excellent levier. Car, en période de crise économique, il est important d'ouvrir les portes, d'aérer, de créer du lien social avec d'autres acteurs de la société et aussi entre les collaborateurs. »

Un point de vue que ne renierait certainement pas SFR, chez qui le mécénat a vu le jour en 2003 avec la création d'un fonds de soutien qui visait à appuyer des projets associatifs dans le cadre de l'égalité des chances. Et en 2006, l'entreprise a créé, en même temps que sa fondation, un statut de collaborateur citoyen, objet d'un accord entre les partenaires sociaux, qui permet tous les ans à une cinquantaine de salariés de s'engager dans des actions solidaires auprès d'une association sur leurs heures de travail pendant six à onze jours par an (à compléter par trois à quatre jours de RTT), le tout en continuant à percevoir leur salaire. SFR s'implique par ailleurs dans des formules de congés solidaires, de tutorat auprès d'élèves issus de quartiers difficiles ou d'engagements plus ponctuels d'une journée, pour le Sidaction par exemple. En tout, une centaine de projets sont soutenus chaque année, et leur nombre a plus que doublé depuis la création de la fondation qui en propose environ 10 %, le reste ayant été suggéré par les collaborateurs. C'est pour l'entreprise une façon concrète de signifier son engagement citoyen et de révéler ses talents en interne et en externe. « Tous les ans, nous avons près de 700 collaborateurs engagés, explique Antonella Desneux, directrice du développement durable et de la responsabilité sociétale de SFR. C'est passionnant et c'est un vrai échange gagnant-gagnant, pour l'entreprise, les collaborateurs et les associations. »

> « En période de crise économique, il est important d'ouvrir les portes, d'aérer, de créer du lien social avec d'autres acteurs de la société et aussi entre les collaborateurs. »

Même enthousiasme chez Generali, qui a profité de son déménagement en Seine-Saint-Denis en 2003 pour s'ouvrir sur son nouveau territoire, en faisant appel à des bénévoles dans l'entreprise – sans passer cependant pour l'instant par la case mécénat de compétences. Un choix de la proximité qui constitue l'une des tendances fortes du mécénat actuellement, puisque 79 % des entreprises mécènes en 2010 orientaient en priorité leurs actions vers leur environnement proche. « Quand nous avons quitté le VIIIe et le IXe arrondissement de Paris pour la Seine-Saint-Denis, nous nous sommes dit que nous n'allions pas rester recroquevillés sur nous-mêmes et qu'il fallait faire quelque chose pour participer au développement de ce territoire qui ressemblait à l'époque à un zo *man's land* », raconte Florence Déchelette, responsable insertion égalité des chances chez Generali.

De la proximité avant tout

L'entreprise a commencé par tisser des liens avec les acteurs économiques, les universitaires, les écoles et les collèges locaux, et a défini trois volets d'action : l'emploi, l'insertion et le développement économique. En parallèle, elle a mené une politique de recrutements locaux volontariste et a décidé de s'engager sur le terrain de l'insertion et de l'égalité des chances, en sollicitant les bonnes volontés dans l'entreprise. Cette action s'inscrit dans la politique active de développement durable initiée au début des années 2000.

L'idée ? S'appuyer sur des associations locales comme Proxité pour parrainer et accompagner des jeunes qui ont décroché du système scolaire, ou des diplômés de niveau bac + 4 ou 5 qui, pour diverses raisons, notamment une méconnaissance de la culture d'entreprise, ont du mal à s'insérer professionnellement. En 2008, un dispositif similaire a été mis en place pour les personnes handicapées, à l'initiative de SFR, associé, entre autres, à Generali. Ensemble, ils ont créé Arpeje'h, une association qui a signé une convention avec l'académie et la région Île-de-France. Le dispositif, conçu sur le même principe que le précédent, permet aux jeunes handicapés de prendre connaissance des différents métiers des entreprises partenaires, d'y faire des stages d'une semaine pour ensuite être parrainés par un collaborateur qui les aide à définir leur projet professionnel et les formations qui leur permettront d'atteindre leur objectif. Pour l'instant, les parrains sont essentiellement des cadres supérieurs qui trouvent un peu de temps ici et là pour s'occuper de leurs protégés, et Generali ne communique ni en interne ni en externe sur le sujet. Pourtant, l'entreprise réfléchit à la mise en place d'un mécénat de compétences et aimerait, à terme, en informer ses 7 000 salariés. « C'est encore trop tôt pour en parler, souligne Florence Déchelette. Nous n'en sommes qu'au stade de la réflexion sur ce sujet. »

Donner du sens

Une situation pas si rare que cela. Car beaucoup d'entreprises préfèrent mettre en veilleuse leurs dispositifs de communication interne ou externe, de peur de choquer leurs salariés qui pourraient se sentir utilisés à des fins marketing et manipulés.

Faire valoir le bénévolat au sein des entreprises est une façon efficace de répondre à une demande associative ponctuelle et aussi, au passage, un bon moyen de renforcer le sentiment d'appartenance au groupe et de fédérer les équipes autour de valeurs non économiques porteuses de sens. Le mécénat permet également aux salariés d'échanger dans un cadre différent et sur un pied d'égalité. Sans oublier l'impact positif des projets solidaires sur l'attractivité de l'entreprise. « C'est aujourd'hui un atout majeur pour recruter des jeunes qui, à emploi et salaire égaux, préfèrent intégrer une entreprise citoyenne, note Antonella Desneux. C'est aussi très enrichissant pour le collaborateur qui développe de nouvelles compétences. »

Le mécénat comme vecteur de professionnalisation des salariés, qui acquièrent en s'engageant de nouvelles compétences, sans passer par la case formation... Pour Marian Tyranowicz, ingénieur projet chez SFR à Sens, c'est une évidence. Son statut de collaborateur citoyen lui a permis de dégager du temps – neuf jours sur son temps de travail auxquels viennent s'ajouter trois jours pris sur ses RTT – pour créer « Label couture », une association qui travaille sur la réinsertion de personnes en difficulté par des travaux de couture. « J'ai beaucoup appris, aussi bien dans la création que dans la gestion d'une association, et cela me sert régulièrement dans mon métier, témoigne-t-il. Et l'aide de la Fondation SFR, qui suit le projet, nous permet de toujours savoir où l'on en est. C'est extrêmement précieux et cela m'aide à réfléchir. »

Un partenariat très fructueux donc, qui ne peut qu'« enrichir les deux côtés », explique Bénédicte Menanteau. À condition, bien sûr, que chacun y mette du sien et que l'accord soit construit sur un respect mutuel, ce qui n'est pas toujours le cas. « À partir de 2007, il y a eu un très fort engagement des entreprises sur les journées de mobilisation comme le Sidaction, explique Anne Poitrenaud. On a vu des entreprises qui proposaient tout à coup de mettre à la disposition de la Croix-Rouge, par exemple, 80 personnes… pour une journée. Mais cela ne répondait pas aux besoins en interne de l'association, il a fallu alors ajuster le tir. »

Méconnaissance mutuelle (sans parler de méfiance), obstacles en tout genre… Les freins au mariage harmonieux entre entreprises et actions bénévoles ne sont pas négligeables. Cela n'enlève rien au mouvement de fond de la RSE, qui peut, s'il continue à être mené par les entreprises sans arrière-pensées (en termes de communication, notamment), répondre aux attentes de la société vis-à-vis du monde des affaires, et des salariés envers leur entreprise. Pas négligeable en ces temps de mal-être social.

Bénédicte de Valicourt

TÉMOIGNAGE DE SALARIÉE

Arlette, bénévole à AXA Atout Cœur

Depuis dix ans, Arlette, assistante de reporting à la direction financière d'AXA, est bénévole à AXA Atout Cœur. Ses derniers défis avec cette association ? Décorer pendant deux heures des œufs de Pâques pour la chasse aux œufs des enfants du Secours populaire qu'elle a aussi accompagnés le 24 août dernier à Cabourg pour « la Journée des oubliés des vacances ». En mai, elle a également fait huit tours autour de la grande arche de La Défense pour le challenge Interentreprises, une course en faveur d'Action contre la faim (ACF) à qui il était reversé 15 euros à chaque passage d'un kilomètre effectué par un bénévole. À l'avenir, d'ailleurs, elle va continuer à s'impliquer dans d'autres actions ponctuelles en faveur des deux cents associations avec lesquelles travaille AXA Atout Cœur. « C'est très enrichissant de donner de son temps comme bénévole dans le cadre du travail, dit-elle. Cela m'a permis d'échanger avec d'autres collaborateurs qui, comme moi, donnent de leur temps. C'est aussi formateur pour mes actions de bénévolat dans d'autres associations. »

QUELQUES CHIFFRES*

- 35 000 entreprises mécènes en France, soit 27 % des entreprises françaises de plus de 20 salariés.
- Plus de 17 % des entreprises en 2010 pratiquent le mécénat.
- Budget global en 2010 : 2 milliards d'euros (- 20 % ; cette baisse s'explique en partie par la crise économique).
- 43 % des grandes entreprises de plus de 200 salariés étaient mécènes en 2010, contre 26 % en 2008.
- 85 % des entreprises qui s'impliquent dans le mécénat sont des PME. Elles représentent cependant seulement 1/3 du budget global du mécénat.
- 21 % des entreprises engagées dans le mécénat ont choisi de permettre à leurs salariés de s'engager auprès d'une association sur leurs heures de travail.
- 60 % : c'est le pourcentage des réductions fiscales prévues par la loi d'août 2003 sur les sommes allouées au mécénat de compétences, dans la limite de 0,5 % du chiffre d'affaires.
- 59 % des mécènes sont dans le secteur des services (75 % du budget global).
- Le mécénat est de plus en plus local ou régional (79 %).
- Secteurs les plus soutenus : le social, l'éducation et la santé à 58 % ; le sport à 48 %, et la culture à 37 %.
- 33 % des entreprises vont accroître ou stabiliser leurs actions de mécénat dans les deux ans à venir.

* Source : enquête Admical-CSA, 2010.

Bénévolat : une ligne de plus sur son CV ?

Quelle que soit la manière dont on choisit de valoriser ses expériences bénévoles, le jeu en vaut la chandelle. Ceux qui l'ont fait en témoignent, et des responsables de ressources humaines se montrent convaincus.

Détermination et débrouillardise, c'est le credo d'Hélène Brault, 38 ans. Autodidacte, elle n'a eu de cesse de faire fructifier ses expériences tout au long de sa vie professionnelle. Son parcours de bénévole fut dense, avec notamment plusieurs années passées dans l'association de gestion d'une école privée à superviser recrutement, entretien des locaux ou recherche de subventions. Elle fut aussi présidente de l'office de tourisme de son village, gérant projets, manifestations, communication, tout en travaillant comme secrétaire de mairie. Souhaitant trouver un emploi plus adapté à ses capacités, elle a postulé auprès d'une grande banque : « Ils cherchaient quelqu'un en CDD pour une plateforme téléphonique. En entretien, je me suis engagée à passer un BTS d'assistante de direction. Puis une amie m'a parlé de la VAE. » La VAE (validation des acquis de l'expérience) permet, en effet, d'obtenir un diplôme en lien avec son expérience professionnelle ou bénévole. Le candidat doit remplir un dossier détaillant trois ans au moins d'activité. Un jury de certification, composé de représentants de la profession concernée, valide ou non lors d'un entretien les compétences acquises par le candidat. Si c'est le cas, il obtient le diplôme visé.

Hélène s'est donc lancée dans cette démarche qu'elle a trouvée difficile. « Une galère pendant deux ans ! J'ai d'abord rempli le dossier en recensant mes expériences professionnelles, mais le jury n'a validé qu'une partie de mes compétences. Pour obtenir mon diplôme, j'ai dû recommencer, en mentionnant cette fois mes activités bénévoles, qui m'ont permis d'étayer et d'étoffer mon dossier. Le jury s'est montré intéressé et a validé mes acquis. » En 2008, elle obtient son BTS. Aujourd'hui, Hélène est associée à un ancien collègue dans une entreprise du bâtiment de treize salariés. Déconnectée de la vie associative faute de temps, elle avoue que celle-ci lui manque et conclut : « S'il y a un point très important à retirer du bénévolat, c'est qu'il m'aura permis d'accéder à un emploi. »

Valoriser toutes ses expériences

Comme Hélène, Jean Katendi Nsoukoula, 41 ans, a su tirer parti de toutes ses activités associatives pour évoluer professionnellement. Arrivé de l'étranger en 2003 avec un diplôme de kinésithérapeute non reconnu en France, il a été agent d'entretien et agent de soins vacataire et s'est rapproché d'une association, l'ASP fondatrice (Accompagnement bénévole en soins palliatifs). C'est là, après une formation théorique et un apprentissage pratique, qu'il débute le bénévolat d'écoute en soins palliatifs : quatre heures par semaine passées auprès de personnes malades en fin de vie. « C'est une expérience humaine qui permet de comprendre la société dans laquelle nous vivons. La relation avec la personne âgée est, en outre, très instructive : j'ai découvert des parcours de vie, voyagé dans le temps, appris la patience et la maîtrise de soi nécessaire en cas de rejet ou d'agressivité. Ce fut très formateur. » Souhaitant se réorienter, sur le plan professionnel, vers un métier plus proche de ses aspirations premières, Jean a lui aussi choisi la VAE. « Lorsque mon employeur m'en a parlé, j'ai aussitôt entamé les démarches. Mes expériences professionnelles et bénévoles étaient complémentaires :

elles avaient en commun la qualité d'écoute, le travail sur la personne, je les ai donc fait valoir autant l'une que l'autre dans mon dossier. » Pour répertorier ses différentes missions et décrire les compétences acquises, il s'est muni d'un passeport bénévole. Disponible auprès de France Bénévolat, ce document comporte pour chaque mission deux fiches : l'une, remplie par le bénévole, décrit les actions mises en œuvre ; sur l'autre, son responsable synthétise les compétences acquises lors de cette mission. Reconnu comme pièce justificative de l'expérience bénévole dans le cadre d'une VAE, il offre une traçabilité à des activités souvent variées. Et peut aussi constituer un outil utile pour mieux se préparer à un entretien de recrutement. « Le passeport bénévole, estime Sophie Bayle, responsable du pôle Développement durable et diversité à la DRH de la Banque postale, est une façon de formaliser les acquis et peut aider la personne à mieux les définir. Mais en entretien de recrutement, c'est la façon de présenter ses expériences qui importe et la manière dont on évoque son engagement, avec ses tripes ou avec le cœur. » Jean a obtenu un diplôme d'État d'aide médico-psychologique en novembre 2008 et a intégré rapidement un poste en adéquation avec ses qualifications dans une maison d'accueil spécialisée pour personnes polyhandicapées. « Je me sens maintenant reconnu par mes pairs et en accord avec mon engagement, commente-t-il. C'est le maillage serré de mes activités professionnelles et bénévoles qui m'a permis d'obtenir cette reconnaissance. »

Points de vue de DRH

Certains DRH se montrent clairement attirés par des parcours intégrant des expériences bénévoles. Ces activités responsabilisantes où le travail d'équipe est prépondérant retiennent ainsi l'attention de Frédérique Goupilleau, DRH de Vinci Construction France - Délégation Ouest : « Que ce soit dans le bâtiment, le génie civil ou l'hydraulique, tous nos travaux sont menés en équipe, de l'étude de prix à l'organisation du chantier. Nous sommes très sensibles à cette qualité de travail, fondamentale pour nous. À compétences égales, nous sommes forcément intéressés par des personnes exerçant un sport d'équipe et celles dont le CV mentionne une activité associative. Ces dernières sont, en outre, susceptibles de faire preuve de curiosité, d'intérêt pour l'autre et de capacité d'adaptation. Or chez nous, chaque chantier est une nouveauté : il faut savoir réagir aux aléas, toujours en équipe. » Sophie Bayle abonde en ce sens : « À la Banque postale, nous recevons souvent des candidats ayant une expérience bénévole. Au sein du pôle Diversité et développement durable, je vais même la rechercher. Intérêt pour l'autre, ouverture sur des problématiques de solidarité, engagement social, sont autant de compétences essentielles. Pour la mission Handicap, par exemple, je valorise les candidats qui se sont engagés régulièrement auprès de personnes handicapées et ont ainsi compris la réalité du handicap. »

Claude Fiot, DRH du groupe Macif, reçoit aussi assez fréquemment des CV mentionnant des activités bénévoles. Pour lui, c'est un élément pris en compte parmi d'autres dans une candidature, son intérêt dépendant surtout du poste pour lequel la personne est candidate. « Personnellement, savoir si un candidat a eu une expérience bénévole m'intéresse. Je pense donc globalement qu'il faut la mentionner s'il s'agit d'une activité conséquente en termes d'investissement et de compétences acquises. Certaines expériences sont de réelles activités professionnelles : dans ce cas, il est même recommandé de les faire figurer dans la rubrique "Expérience professionnelle". Cependant, lors d'un recrutement, il ne peut y avoir d'*a priori* favorable quant à ces activités. C'est la rencontre entre tous les éléments du CV et les besoins de l'entreprise qui s'avère déterminante. » Il se montre toutefois convaincu qu'exercer une activité bénévole est « toujours un enrichissement » pour l'entreprise.

La jeune génération en pointe

En dépit de ses 23 ans, Michael Thysen, chargé de recouvrement en créances bancaires, a déjà mesuré la richesse de son parcours de bénévole à la Croix-Rouge, où il a été formateur aux premiers soins, secouriste, et a dirigé une structure locale de l'association. Aussi a-t-il décidé de valoriser cet engagement de six ans dans sa recherche d'emploi. Il raconte : « Je me suis dit que j'avais acquis, notamment grâce à mon expérience de directeur local de l'urgence et des secours, des qualités que d'autres n'avaient pas. En entretien, je peux dire qu'à mon âge, je sais faire face aux problèmes, me montrer exigeant et manager une équipe de quatre-vingts personnes. » Au centre de son CV figure une rubrique « Expérience de vie associative » détaillant ses activités à la Croix-Rouge. « En lisant ces lignes, les recruteurs se demandent quelle est pour eux la valeur ajoutée de ce parcours : organisation, rigueur, communication, prise d'initiatives… Je sais bien qu'il est difficile d'évaluer l'impact réel de ces expériences dans un recrutement, mais je me dis que ça pèse dans la balance », poursuit-il. À l'image de Michael, les jeunes ont bien compris la valeur ajoutée d'activités associatives lors de leur recherche d'emploi. Ainsi, « chez les jeunes candidats postulant chez nous, les CV mentionnant des expériences bénévoles sont plus répandus qu'il y a quelques années », observe Marie-Christine Théron, DRH de SFR. De fait, l'entreprise cultive des valeurs d'engagement fortes et offre plusieurs dispositifs aux collaborateurs qui souhaitent aider des associations. « Les 18-25 ans se montrent très sensibles au développement durable, à l'engagement citoyen : pou-

DAL
ESCROCS
LOYERS TROP CHERS!
L'immobilier c'est mon truc!
Vous embauchez?
AGENCE
jeudi NOIR
ASSEZ!

voir participer à des actions autres que mercantiles fait partie de leurs attentes. De même, en tant qu'employeur, nous sommes vraiment sensibles au fait que nos candidats aient eu une expérience bénévole. » Celle-ci n'est cependant pas considérée comme un avantage : « Nous recherchons avant tout des talents et des compétences, qu'elles soient développées en entreprise ou en association. Mais pour nos candidats externes, nous considérons le bénévolat comme une première expérience professionnelle, au même titre qu'un stage. Selon nous, c'est l'occasion de vivre un premier contact avec une forme d'autonomie, en montrant un réel appétit d'initiative. Dans le bénévolat, vous accompagnez souvent des gens en situation difficile. Vous devez mettre en place des actions dans un univers très contraint du point de vue économique ou environnemental. Vous sortez en outre de votre cadre habituel, celui de la famille, de l'école, et de votre zone de confort pour vous confronter à un autre monde. C'est parfois dur, vous devez composer. Cela vous forge un caractère, vous donne une maturité autre et vous apporte vraiment de l'expérience. »

Afin de mieux faire comprendre aux jeunes bénévoles l'intérêt de valoriser leurs activités sur le marché du travail, Animafac, réseau d'associations étudiantes, a mis en œuvre il y a deux ans le programme « Bénévolat et compétences », qui propose des formations à destination des étudiants Il s'agit d'une journée de « bilan de compétences associatives » durant laquelle interviennent des professionnels des ressources humaines, eux-mêmes en mécénat ou en bénévolat de compétences via le réseau Passerelles & Compétences. « La plupart de ces jeunes disposent d'une expérience très riche, ont acquis des réflexes professionnels, mais la majorité n'en a pas conscience, n'ose pas ou ne sait pas les présenter, indique Benoît Donon, consultant RH chez Algoé, une société spécialisée dans la gestion des talents. Nous les aidons à mettre en mots ces savoir-faire et savoir-être. » En travaillant CV et lettres de motivation, avec des simulations d'entretien et l'aide d'un portfolio de compétences, outil imaginé par Animafac, les jeunes bénévoles prennent conscience qu'ils disposent de « compétences concrètes et transférables en entreprise : en logistique pour avoir organisé une manifestation, en trésorerie via la recherche de subventions ou les appels à cotisation, en communication pour avoir rédigé un document ou créé un site Internet... Nous les aidons à détailler chaque mission de façon très factuelle, explique Charlotte Barrès-Gaudin, cadre généraliste RH, et à traduire en verbes d'action tout ce qu'ils savent faire et qui peut attiser la curiosité d'un recruteur. »

Compétences transférables

C'est en évoquant à plusieurs reprises, dans le cadre de conversations informelles, son expérience bénévole avec son futur employeur que Marie Augereau l'a convaincu de ses compétences et décroché le poste qu'elle occupe actuellement. Coach au sein du cabinet Nexmove, elle accompagne dirigeants et cadres supérieurs dans leur évolution professionnelle. À 47 ans, elle retrace volontiers son propre parcours : ses débuts dans une grande entreprise d'informatique où elle a gravi les échelons jusqu'à manager une équipe de quinze personnes, la direction d'une filiale d'Areva pendant plusieurs années, puis sa décision d'arrêter de travailler pour élever ses enfants et se lancer dans le bénévolat par « envie de donner aux autres ». Après une première expérience peu convaincante, Marie s'est tournée vers les Restos du cœur, qui cherchaient un directeur de centre en banlieue parisienne. « Ayant dirigé une structure de cent personnes, je me disais que c'était à ma portée. J'ai été reçue par neuf personnes, l'entretien a duré 2 h 30 et on m'a dit : Banco ! » Marie a supervisé pendant quatre saisons hivernales le bon fonctionnement d'un centre animé par cinquante bénévoles et fréquenté par quatre cent cinquante familles. « Je bénéficiais d'une grande liberté : j'ai mis en place des ateliers informatiques ou de retour à l'emploi en m'appuyant sur les talents des bénévoles – une façon de les motiver. » Et d'ajouter : « Avec mon nouveau boss, nous avions beaucoup échangé sur mon expérience aux Restos du cœur, en particulier sur les ateliers de retour à l'emploi. Là-bas, j'avais appris à écouter différemment les personnes avec lesquelles je travaillais, afin d'employer au mieux leurs compétences. Dans mon métier, aujourd'hui, c'est ce que je transmets aux cadres que j'accompagne : apprécier les personnes pour leurs talents. Et dans le monde du bénévolat comme dans celui de l'entreprise, si on capitalise sur les talents, on fait des miracles. »

Sandrine Pageau

Jean-Paul Delevoye : « L'enjeu de 2012, c'est le "vivre ensemble". »

Jean-Paul Delevoye fut ministre (dans les gouvernements de Jean-Pierre Raffarin), médiateur de la République, et occupe aujourd'hui le poste de président du Conseil économique, social et environnemental (CESE). Il est également maire (UMP) de Bapaume, dans le Pas-de-Calais. Autant de fonctions qui font de lui un observateur de la société française et de son évolution.

Que signifie le chiffre de 18 millions de bénévoles en France ?

Jean-Paul Delevoye : Dans notre société actuelle, il y a de plus en plus de solitude, de besoin d'échanger, de dialoguer, de s'engager et de donner un sens à sa vie. Pour beaucoup de bénévoles, la plus-value à leur engagement, c'est la rencontre, le partage d'une émotion, d'un collectif dans un monde où la compétition règne à bien des égards. En étant bénévole, on se sent utile, cela confère une certaine fierté de soi-même, le tout sans aucun retour matériel. C'est un choix libre dans une vie souvent émaillée de restrictions de liberté. C'est aussi un choix gratuit dans une société où tout se monnaye, s'évalue. Ce sont des moments partagés avec d'autres qui ne sont pas des concurrents, mais des partenaires : lien qui valorise la relation et qui permet de découvrir la richesse de ces autres. Ce sont, enfin, des actions qui valorisent le temps : l'avenir paraît positif du fait d'un sentiment d'utilité, d'égalité.

Est-ce que cela veut dire que le bénévolat a vocation à réparer la violence sociale ?

J.-P.D. : Dans certains cas, le bénévolat, c'est une compensation. Il n'y a qu'à voir comment les entreprises cherchent à créer des actions collectives. Elles ont réalisé que la création de richesses, c'est bien, leur donner du sens, c'est encore mieux. Ainsi, donner du sens à des actions de mécénat contribue à la cohésion d'entreprise. Celle-ci rassemble en défendant collectivement des causes ; ce faisant, l'entreprise acquiert la capacité de faire grandir ses collaborateurs via les causes défendues au lieu de les rapetisser en ne faisant que défendre ses propres intérêts.

Le bénévolat recouvre plusieurs formes différentes. Quelles sont les grandes catégories ?

J.-P.D. : Je peux en citer quelques-unes. Il y a le bénévolat de complémentarité naturelle, c'est celui des parents d'élèves, par exemple, car dans ce cas l'intérêt individuel se confond avec l'intérêt collectif ; il y a le partage de combat, qui s'associe à la volonté de partager un fardeau et d'éviter à d'autres les peines subies (les parents d'enfants handicapés, par exemple) ; il y a le bénévolat occupationnel, celui des personnes âgées ; il y a l'engagement dans les associations sportives où se mêlent plaisir individuel et partage collectif ; il y a le bénévolat militant (OGM, malbouffe) ; il y a le bénévolat d'intérêt (« Je défends l'école de mon enfant », etc.) ; il y a le bénévolat offrant des lieux d'écoute comme les personnes impliquées dans SOS Amitié ou dans les soins palliatifs, et qui constituent un tissu humain indispensable, car dans ce domaine les services publics ne peuvent pas tout. À partir d'un noyau professionnel, on peut démultiplier l'efficacité du service public avec le bénévolat.

Dans tous les cas, ce qu'il faut saluer, c'est que le bénévole donne de son temps. Aujourd'hui, dans une société de l'urgence et de l'émotion, où l'isolement menace et où le chacun-pour-soi règne en maître, sortir de chez soi, aller à la rencontre de l'autre et en plus lui donner de son temps, c'est une démarche fort respectable.

Est-ce que cette richesse humaine devrait être comptabilisée dans le PNB ?

J.-P.D. : La diversité du tissu social d'un pays, c'est un capital humain dont personne ne parle. C'est pourtant un élément fort de la richesse nationale. Au CESE, j'ai demandé à ce qu'on travaille sur de nouveaux indicateurs de richesse, parmi lesquels figure le nombre de bénévoles et d'associations. Car la qualité première du bénévole, c'est la passion qui l'anime. Une société où les gens ne rêvent plus, sont désabusés, sans passion, est une société qui stagne. Or, une société doit être en mouvement et vivre de passion ; c'est ce que nous apporte le bénévolat.

Est-ce que l'engagement bénévole a ses limites ? Est-ce que par moments il ne remplace pas un peu trop l'action publique ?

J.-P.D. : Comme tout système, il a ses limites. Le bénévolat ne peut pas tout faire, le bon cœur ne suffit pas toujours et peut même être contre-productif. Il y a donc un point d'équilibre à trouver. Pour ce faire, on peut parfois mêler dans les équipes (je pense aux soins palliatifs déjà évoqués plus haut) un noyau dur de professionnels qui encadrent et qui forment des bénévoles. Il ne faut pas non plus négliger la lassitude du bénévole. Un président ou un dirigeant associatif doit rester attentif à l'épanouissement de ses bénévoles dans l'exercice de leurs actions, celles-ci pouvant les cannibaliser. Ils peuvent se retrouver de plus en plus seuls à gérer des situations difficiles ou chronophages. Or, quand quelqu'un s'investit, ceux qui l'entourent ont souvent tendance à se défausser.

Cela peut aussi arriver à l'État, quand il laisse le Secours catholique distribuer tous les jours des rations de nourriture aux migrants dans le nord de la France. Le bénévolat, c'est un maillon de la chaîne ; il faut nouer des partenariats pour que ça fonctionne.

Est-ce que le bénévolat, les associations, etc., constituent pour vous l'un des enjeux à débattre lors de la campagne de 2012 ?

J.-P.D. : Lors d'une campagne présidentielle, il y a toujours des tentatives d'instrumentalisation. Il ne faut donc pas que cette question soit un enjeu. En revanche, l'enjeu de la campagne, c'est le projet de société. En 1995, c'était la fracture sociale ; en 2002, c'était la sécurité ; en 2012, c'est selon moi le « vivre ensemble ». Le projet de société, c'est se poser la question : jusqu'où pousser la solidarité publique qui fait reculer la solidarité privée ? L'enjeu, c'est la capacité d'écoute et d'expression d'opinions par d'autres canaux que la démocratie représentative. Sauf que celle-ci confère à l'élu une légitimité (ce qui ne lui octroie pas tous les pouvoirs) que toutes les associations n'ont pas. Elles ne sont pas plus pures que les élus et certaines ne sont ni transparentes ni démocratiques dans leur fonctionnement. Leur statut ne justifie pas l'opacité. En résumé, il faut aujourd'hui rétablir la confiance et la transparence (comptes, organisation, résultats obtenus, exercice du pouvoir), à quelque niveau que l'on soit. C'est à ce prix que nous remettrons sur pied des autorités de dimension morale. Il ne faut pas se tromper de combat : aujourd'hui, il faut davantage rechercher le crédit que le pouvoir.

Vous êtes maire. Quid du vivre ensemble dans les collectivités locales ?

J.-P.D. : Le lien social, c'est l'enjeu des territoires. Il faut faire en sorte, dans les collectivités, de susciter de la solidarité de proximité, de créer des lieux d'empathie collective, de rencontres via le sport, la préservation du patrimoine... Le vieillissement de la population, c'est une opportunité pour le vivre ensemble. Les personnes en retraite ont du temps libre et veulent donner du sens à leur temps. Il n'y a jamais eu autant de peintres amateurs, de troupes de théâtre, d'engagement humanitaire, de seniors faisant de l'aide aux devoirs. La relation transgénérationnelle, c'est aussi un enjeu politique et de société.

Quel peut être le rôle de l'éducation ?

J.-P.D. : L'éducation a un rôle important à jouer. Les jeunes actifs dans les conseils municipaux des enfants s'impliquent ensuite dans la vie associative. Il faut davantage investir ces possibilités en misant sur les talents cachés, ceux qui spontanément ne s'engagent pas.

Quelles seraient les mesures à prendre pour favoriser le bénévolat ?

J.-P.D. : Au niveau des territoires, il faudrait favoriser le secrétariat interassociatif pour décharger les présidents de certaines responsabilités, afin qu'ils consacrent leur énergie à l'action en elle-même. On épuise les bénévoles avec des tâches administratives. Autre idée : créer dans chaque mairie un fichier de personnes prêtes à s'engager et à donner de leur temps. Dans une société de fracture et d'isolement, on peut dire que celles-ci constituent les forces vives de la nation.

Propos recueillis par Anne Dhoquois

AGIR

Les ressorts de l'engagement sont complexes et protéiformes. Réminiscence d'une histoire personnelle, accident de la vie, besoin d'être utile à la société ou à son quartier, plaisir de partager sa passion ou ses compétences, envie de sortir de son univers pour aller à la rencontre de l'autre et ce faisant de rester fidèle à ses convictions ou à ses croyances... chaque démarche a son moteur, conscient ou inconscient, formulé ou mystérieux. Car c'est bien la rencontre d'un individu avec une cause et un cadre lui permettant de la défendre qui rend possible le passage à l'acte. Encore faut-il trouver la bonne adéquation entre ces trois éléments. Chaque individu a, comme on l'a vu, sa musique intérieure qui fera de lui un militant, un bénévole ou un volontaire. Pour la jouer, il a besoin d'une structure, de membres et de projets avec lesquels il rentrera en résonance. Ce contexte aussi peut varier du tout au tout. Un café culturel « perdu » dans la campagne, l'association en bas des tours HLM d'un quartier populaire, la grosse organisation centenaire aux multiples ramifications ou le petit club sportif d'une banlieue proche de Paris, constituent autant de lieux d'engagement possibles. Enfin, la cause défendue - le public bénéficiaire, les modes d'action, les objectifs - constituent le troisième pilier de ce triptyque citoyen. Un triptyque en pleine mutation, au cœur de l'évolution de la société et du monde, un monde où l'image est reine et l'émotion une corde facile à activer...

Qu'est-ce qui fait courir les bénévoles ?

L'altruisme est, de toute évidence, l'un des moteurs de l'engagement bénévole. Mais ce n'est pas le seul. Les motivations des bénévoles du XXIe siècle sont souvent complexes, composées à la fois d'envie de rencontres, du désir d'être utile mais aussi de s'épanouir dans l'action et, pourquoi pas, de développer ses compétences.

Qu'est-ce qui incite les 18 millions de bénévoles français à agir ? Les dernières études sur le sujet dévoilent à la fois l'hétérogénéité de cette population et le caractère pluridimensionnel des motivations individuelles. À vouloir raffiner, on trouve au moins trois gaz à la pompe bénévole : « utilité, sens, plaisir », triade établie par France Bénévolat. Le point sur cette matière première.

Aider les autres

Champion des motivations, loin devant la volonté de s'épanouir, de se faire des amis ou de pratiquer un sport : le souci d'aider les autres. C'est le motif principal déclaré par un tiers des femmes et un quart des hommes bénévoles sondés par les économistes Lionel Prouteau et François-Charles Wolff[1]. Être socialement utile, faire son devoir sont des justifications récurrentes. Les sociologues Bénédicte Havard Duclos et Sandrine Nicourd montrent dans *Pourquoi s'engager ?* (Payot, 2005) que le bénévolat peut être investi comme une pratique réparatrice. Elles vont jusqu'à décrypter l'engagement bénévole comme un avatar d'« une forme de devoir social et/ou religieux ». Le dévouement aux autres

---

1 Source : *Les Motivations des bénévoles. Quel pouvoir explicatif des modèles économiques ?*, Enquête Vie associative INSEE, octobre 2002.

est pensé comme une responsabilité de ceux qui ont plus à l'égard de ceux qui ont moins.

Se retrouver soi-même

L'histoire de Youssouf racontée par les sociologues Bénédicte Havard Duclos et Sandrine Nicourd dans *Pourquoi s'engager ?* montre que l'ascension sociale couplée au souvenir vif du milieu d'où l'on vient est propice à l'engagement. Youssouf est né en 1960 dans un petit village agricole du Sénégal. Il est le premier enfant de son village à réussir le baccalauréat. Il passe de l'Afrique à la France pour poursuivre des études universitaires. Licencié en administration économique et sociale, il enchaîne les emplois précaires dans le secteur de l'hôtellerie et de la restauration. Extrêmement mal logé, il prend contact avec le DAL (Droit au logement). Il milite et devient un pilier de cette organisation, dans un rôle qui lui permet d'être proche de ses origines tout en utilisant les ressources qu'il a acquises lors de ses études supérieures. Défendre les exclus, les pauvres ou les migrants lui permet de ne pas vivre avec ce sentiment de rupture sociale entre ce qu'il est et ce qu'il a été.

> « Dans un monde qui ne va pas très bien, j'ai le sentiment d'œuvrer pour un univers qui soutient la société à bout de bras. »

Autre association, même sentiment. Pour Cécile, l'engagement à Alphasol, association de solidarité, fait résonner les valeurs héritées de son éducation catholique. Il lui permet de se sentir en cohérence avec elle-même. Les vocations bénévoles mettent souvent en scène la trajectoire biographique des individus. Des périodes de latence, de transition, de rupture dans le cours d'une vie sont de plus en plus fréquentes. Elles ouvrent la possibilité d'investissement dans des lieux collectifs, porteurs de sens.

Rencontrer d'autres personnes

L'aventure du lien interhumain est attirante. Pressenties comme bien plus qualitatives que dans le monde du travail, les aspirations relationnelles aident à pousser la porte d'une association. « Dans l'entreprise, j'ai vécu la compétition alors que dans le bénévolat, les liens sont tout autres, les amitiés y sont possibles », confie Jean-Luc entre deux heures de soutien scolaire à la Confédération syndicale des familles. Jacques, retraité, confirme : « Dans l'association, la norme sociale disparaît, on connaît davantage les personnes que leur fonction. Je pense à un ancien responsable de la haute administration

française… Depuis que je le côtoie comme bénévole, je découvre 90 % de sa personnalité, et le trouve encore plus sympathique que ce que j'en appréhendais lors de mes contacts avec lui dans la vie professionnelle. »

Le bénévole assouvit un fort besoin de lien social. « Ça lui permet de rencontrer des gens dans un cadre convivial, de structurer son temps », commente Nadine, l'épouse d'un jeune retraité qui a misé sur une activité bénévole. L'association offre statuts, places, mandats, compétences et même parfois facilite la recherche d'emploi. En période de chômage, l'association est un espace où l'on peut avoir accès à des outils de communication, et « rester quelqu'un ». Ne pas s'isoler ni se couper d'une vie sociale, c'est capital.

Être utile à la société

« Dans un monde qui ne va pas très bien, j'ai le sentiment d'œuvrer pour un univers qui soutient la société à bout de bras. Les bénévoles représentent 36 % des Français et paradoxalement on n'en parle presque jamais. Nous sommes le sucre dans le café. Imaginez une grève des associations et bénévoles, c'est toute la société qui s'arrête », confie Dominique Thierry, vice-président de France Bénévolat. Et de poursuivre : « Ce qui me motive le plus, c'est le fait que le monde associatif malgré ses défauts et ses limites regorge de gens extraordinaires qui font des choses extraordinaires avec des bouts de ficelle. C'est la capacité d'innovation avec presque rien. » Cet esprit d'initiative, à l'échelle locale, semble doter les individus de la force du don et du contre-don confisquée par un État-providence qui chapeaute quasiment tous les secteurs. Répondant parfois à l'image du « bon citoyen », le bénévole s'implique seul pour aider le groupe dans un désir de valorisation personnelle. Une nouveauté. Autrefois, c'était le groupe qui incitait à s'engager pour aider le groupe.

Plaisir et faire-valoir

Accroître son capital humain, étendre son expérience et ses compétences, en acquérir de nouvelles, sont autant de carottes associatives. Si faire figurer ses engagements associatifs dans son *curriculum vitae* est devenu vivement recommandé (voir article page 42), va-t-on suspecter le bénévole d'être purement intéressé ? Pour la sociologue Maud Simonet-Cusset, le « bénévole intéressé » a toujours existé. Pas de clivage entre le bénévole altruiste et le bénévole égoïste. Depuis toujours, l'ambivalence existe. La générosité s'accommode du besoin de reconnaissance, voire d'une forme de rétribution. Un tabou autrefois. Mais nous sommes face à une nouvelle génération. Il est devenu légitime en 2011 de ne plus se sacrifier et d'attendre des marques de reconnaissance. « Quand des personnes disent merci, c'est le gazole du bénévole. Malheureusement, ce genre de retour aussi bien de la part des publics aidés que de l'association est assez rare. La structure s'habitue assez vite au bon vouloir et à la disponibilité de ses bénévoles », avoue Jean-Luc. On sait combien le regard positif des autres est une immense rétribution. Se construire une identité altruiste génère de fortes gratifications symboliques. L'activité bénévole renforce l'estime de soi. « L'accomplissement personnel, c'est mon moteur. La reconnaissance je la trouve dans les yeux d'autrui. Cela améliore mon propre regard sur moi-même et me permet de me dire le matin que finalement je suis quelqu'un de bien... », témoigne Olivier, président du club de judo de sa commune.

Il y a autant de bénévolats que d'individus, mais les motivations poussant à s'engager sont facilement identifiables. Flatté par la conviction de se rendre utile, l'engagement bénévole produit du sens pour soi, pour les autres et pour la société. Le bénévole retire de sa posture une satisfaction et un plaisir pluridimensionnels. Le désintéressement prétendu dans la transaction bénévole autorise de réelles rétributions matérielles, symboliques, identitaires qui sont autant d'incitations. Cette contrepartie bien légitime n'empêche pas l'extase de la gratuité et du don. En sortant de lui-même, comme il sort de chez lui, pour se rendre au service « maladies infectieuses », un bénévole en hôpital raconte : « Les personnes malades, en m'accueillant, m'ont permis de me donner et de donner de mon temps. Elles m'ont fait vivre réellement, puisque le propre de la vie est la donation. Être bénévole fait du bien. »

Magali Michel

Tu veux faire du bénévolat?
C'est nouveau ça!

Margot B., 19 ans : le patinage pour passion

Margot B. a 19 ans. Le patinage artistique, c'est sa passion. Déjà douze ans que la glace est son élément. Bénévole au Club olympique de Courbevoie (92), elle forme deux fois par semaine des jeunes au patinage artistique. Aussi à l'aise avec les enfants qu'avec les adolescents, elle compte devenir professeur dans cette spécialité. Son temps, elle l'offre avec plaisir et sans arrière-pensée à ce club qui a su conserver un esprit convivial.

« Ma mère voulait que je choisisse un sport quand j'étais enfant. Cela devait coïncider avec mes horaires d'école. C'est ainsi que j'ai commencé par hasard le patinage artistique. Cela me correspondait très bien, car je n'ai peur de rien ! C'est très vite devenu ma passion. En CM1, j'ai intégré une école sport-études à Asnières. L'année dernière, j'ai loupé mon bac. Je le repasse cette année en candidat libre. J'ai donc du temps disponible. Depuis trois ans, je suis au Club olympique de Courbevoie, le COC. Ils avaient besoin de bénévoles pour encadrer deux groupes de patinage artistique. J'ai dit "oui" sans hésiter. » Margot B. en impose. À 19 ans, elle a une aisance rare et, sans jeu de mots, une carrure d'armoire à glace. Le patinage et les séances de musculation ont développé chez elle une musculature impressionnante et un caractère de feu. Look plutôt rock, T-shirt rayé et blouson en cuir, vernis noir sur les ongles, elle porte ses cheveux longs en chignon conformément au règlement intérieur du club de patinage. Margot est entraîneuse bénévole depuis six mois dans le club et représentante de la section patinage artistique de son bureau. Elle consacre quatre à six heures hebdomadaires à former deux groupes de patineurs. Pour Margot, le plaisir est au rendez-vous. « Ce qui me motive avant tout, lance-t-elle dans un éclat de rire, c'est d'apprendre et de recevoir des autres. Et ici, je suis très gâtée. »

Sauts, pirouettes et petits pas

« Margot, c'est une battante. Quand elle veut quelque chose, elle s'accroche jusqu'au bout. Quand elle patine, c'est du Margot tout craché. On voit tout de suite son caractère », décrit Timéa, autre membre du COC. Bénévole ultra-déterminée, Margot se lance dans la préparation des galas comme dans un saut. Elle y va. « Le thème cette année, c'était le Moyen Âge. J'ai acheté des robes longues, j'ai dû coudre toutes les manches. J'en ai cousu vingt et une le soir chez moi... J'ai monté une chorégraphie sur une musique d'Era. » La fibre artistique compte aussi beaucoup dans la discipline. Margot monte de « super-chorégraphies » aux dires des membres du club. Pour maintenir et augmenter son niveau – elle a les médailles d'argent de glisse et de bronze de libre, deux belles performances dans la discipline –, la patineuse dégage avant tout une vingtaine d'heures hebdomadaires pour s'entraîner. Elle y ajoute les séances de musculation et de danse quotidiennes. D'où sa présence physique incontestable. Mais derrière son physique, Margot dissimule plus ou moins ses failles. À 19 ans, la glace fond rapidement. « Moi, j'ai eu beaucoup de problèmes familiaux et personnels. Je n'ai pas de papa », confie la sportive dans un souffle. Est-ce la raison pour laquelle le monde du patin est devenu pour elle comme une famille adoptive ? Galvanisée par le cri de guerre

« Ce qui me motive avant tout, c'est d'apprendre et de recevoir des autres. »

du club, fière de décrire la mascotte du COC et l'ambiance des gradins pendant les compétitions, Margot se sent portée par son club car elle y a sa place. Elle y vit comme dans un environnement familial dont elle arbore avec fierté les règles de vie et les exigences. Qu'elle en ait conscience ou pas, elle représente l'identité du COC. « Pas de chewing-gum ! Nous devons assumer l'étiquette du club. Notre comportement, c'est l'image du club. On exige de nous de la tenue, le respect des règles de politesse. On donne l'exemple », rappelle-t-elle. Ces valeurs, la jeune fille s'en accommode. Elle confirme qu'à Courbevoie l'ambiance est très conviviale. « En France, dans tous les clubs de glace, il y a souvent une tension entre les patineurs artistiques et les hockeyeurs. Ce n'est pas du tout le cas à Courbevoie. Nous nous entendons tous très bien et il n'y a aucune rivalité. »

Un saut dans l'avenir

Margot n'a pas hésité quand on lui a proposé de donner des cours de patinage artistique. Elle ne rechigne pas pour remplacer au pied levé un prof absent. Chaque semaine, elle s'occupe de deux groupes : les 3-8 ans et les 12-21 ans. « Mes priorités sont mes études, explique-t-elle. Mais j'étais disponible le mardi soir et le mercredi matin pour former ces jeunes. Je suis très heureuse de donner de mon temps, mais je sais aussi que j'investis sur l'avenir. J'ai déjà les pieds dedans, en somme. Je passe mon brevet d'éducateur de niveau 1 l'année prochaine. Le fait d'être déjà en contact avec des enfants comme ici est un plus pour moi. » Pour les « *babies* », les plus jeunes patineurs du club, Margot se plie en quatre pour refaire les lacets des bottines et installer des plots autour desquels ces bouts de chou hauts comme trois pommes exécutent leurs premiers parcours sur la glace. « J'ai un très bon contact avec les gens, j'aime ce que je fais ici. Par-dessus tout, j'apprécie de transmettre mes connaissances. À la fin des cours, il arrive souvent que des parents viennent me voir. “C’est génial ce que vous faites”, me lancent-ils. Je vois les parents et les enfants ravis. Là, je suis aux anges. J’ai la chance d’exercer ici ma passion. J’appelle ça mes petits moments magiques ! »

« Les bénévoles motivés comme Margot sont, bien sûr, très bien perçus, explique Véronique Verrue, la responsable de l’école de glace. Tous les membres du club sont des bénévoles. Seuls les entraîneurs des équipes de hockey et les joueurs professionnels sont rémunérés. » Élisabeth Louesdon, juge internationale aux JO de 2006, préside la section patinage artistique du COC. Cette référence au sein du club a vu Margot évoluer depuis que la fillette a enfilé ses bottines et ses lames. C’est, pour la jeune fille, le « règlement vivant du patinage », une bonne fée que Margot et les autres bénévoles consultent régulièrement.

Et pour Margot, une motivation supplémentaire pour bien faire… douze mois par an. Même pendant ses vacances, elle est sur patins. En août dernier, elle a embarqué pour un stage proposé par l’école de glace de Pralognan-la-Vanoise. « C’est une colo super-rythmée par le sport. J’encadre, j’entraîne un petit peu et je patine beaucoup ! » Comme beaucoup de bénévoles dans le domaine du sport, Margot est animée par la volonté prédominante de pratiquer une activité. Les contre-

« Comme beaucoup de bénévoles dans le domaine du sport, Margot est animée par la volonté prédominante de pratiquer une activité. Les contreparties, absence de rémunération et tâches ingrates, comptent peu. »

parties, absence de rémunération et tâches ingrates, comptent peu. Car, dans un sport finalement assez individuel, l'esprit de club est important pour Margot. La suite ? Interrogée sur ses envies une fois le brevet d'éducateur en poche, la jeune fille ne cache pas son intention de rendre son tablier. « Non, je ne pense pas continuer l'encadrement bénévole après le BE. Je me forme pour entraîner toujours à un plus haut niveau. J'aimerais bien revenir au sein du club comme entraîneuse rémunérée. En revanche, rester bénévole au sein du bureau, pourquoi pas ? Oui. C'est toujours enrichissant. »

Magali Michel

Que serait la banlieue sans ses bénévoles ?

La banlieue, ses HLM, ses problèmes sociaux... et ses associations. Sur des territoires où la précarité prolifère et les difficultés se cumulent, la structure associative fait parfois figure de refuge. Dernier rempart face à une potentielle explosion de violence, elle doit pourtant faire avec les moyens du bord, le montant des subventions ayant baissé cette année, et un bénévolat qui, s'il fait souvent sens, ne peut pas toujours se substituer à des emplois salariés. Enquête sur un paradoxe.

« L'association "Permis de vivre la ville" m'a donné confiance en moi, dans mes capacités. Grâce à son intervention à Évry (91), elle m'a permis de me sentir plus forte et plus grande, de me responsabiliser. J'ai pris conscience que j'étais une personne à part entière et que je servais à quelque chose, loin de l'image que me renvoyait la société, en tant que jeune issue de l'immigration et vivant dans une banlieue sensible. » Kandé Sylla est adolescente quand elle croise la route de cette association qui intervient sur plusieurs quartiers sensibles en Île-de-France pour y faire de l'aide aux devoirs, développer des projets culturels, etc. Dix ans plus tard, elle est toujours en contact avec ses animateurs, à qui elle doit d'avoir pu faire les bons choix d'orientation. « Le soutien que j'ai reçu – via l'aide aux devoirs, notamment – m'a permis de trouver ma voie : je fais des études pour devenir assistante sociale et à mon tour venir en aide à la banlieue, délaissée par les pouvoirs publics. Heureusement qu'il y a les associations pour la revaloriser », ajoute-t-elle.

Ce type de témoignage n'est pas rare dans les quartiers, où les associations prennent parfois une place prépondérante... notamment en direction des jeunes, mais pas seulement. Azur est une association située dans un quartier sensible de Nîmes (30). Son credo : l'accueil des femmes. Développer du lien social, les accompagner dans leurs démarches administratives mais aussi dans leur rôle de maman, organiser des rencontres conviviales et notamment un repas ouvert à tous une fois par trimestre... figurent au programme de la structure, qui doit faire face à une hausse importante des demandes. Corinne Unsen, directrice d'Azur, commente : « Les gens sont de plus en plus isolés et en grande difficulté. Ils font de plus en plus appel à nous, car les réponses données par les pouvoirs publics ne sont pas suffisantes. Azur, en développant une dynamique collective, est devenue essentielle à la vie du quartier. »

Autre lieu, discours similaire. Taous Samah, qui vit au Petit-Nanterre (92), est une mère de famille qui élève seule ses trois fils depuis le décès de son mari. Et c'est une association de quartier, Zy'va[2], qui va l'aider à sortir de son isolement mais aussi, grâce à l'engagement de ses animateurs et dirigeants, offrir des références masculines à ses garçons... Très impliquée dans les différentes activités proposées par l'association, elle ne tarit pas d'éloges sur cette structure qui, selon elle, a permis au quartier de ne pas basculer dans la violence en 2005.

Subventions et arbitrages

De fait, suite aux émeutes qui ont secoué la banlieue cette année-là, l'importance du tissu associatif n'a plus fait de doute. Face à une société terrorisée par l'insécurité, ces structures font figure de rempart. Conséquence : une hausse immédiate des subventions. Six ans plus tard, qu'en est-il ? « Nous devons faire face à de grosses difficultés financières,

---

2 L'association propose de l'accompagnement scolaire, des activités culturelles, des cours de langue, d'alphabétisation, des voyages humanitaires, du parrainage pour des jeunes cherchant un emploi...

répond Hafid Rahmouni, directeur de Zy'va. Et cela suscite une grande inquiétude dans le quartier, qui n'est pas loin d'exploser. Nous attendons des pouvoirs publics une reconnaissance nous permettant de pérenniser nos financements, mais aussi de former nos bénévoles car ils doivent assumer des responsabilités – santé mentale des bénéficiaires, jeunes en difficulté – qui ne sont pas de leur ressort ; ce sont pourtant des pompiers sociaux et éducatifs. Il y a un hiatus entre les besoins et ce que peut proposer l'association en raison, entre autres, d'un fort *turn over* dans l'équipe qui nous empêche de faire un travail de fond. Or ce travail devrait être fait par les services publics. » De fait, à la rentrée 2011, Zy'va a ouvert avec huit salariés en moins, des emplois aidés n'ayant pas été renouvelés.

« Nos bénévoles sont des pompiers sociaux et éducatifs. »

Les subventions ont donc été revues à la baisse, avec pour conséquence de faire peser sur les bénévoles un poids démesuré. Pour Corinne Unsen, l'explication est toute trouvée : « Les pouvoirs publics ne veulent pas que les quartiers prennent leur place sur le plan de la citoyenneté. Ou alors, ils ne mesurent pas l'impact des associations sur les quartiers. » Faux, répond François Adam, directeur général adjoint de l'Agence nationale pour la cohésion sociale et l'égalité des chances (Acsé). « La politique de la Ville s'est toujours beaucoup appuyée sur les associations ; c'est une constante depuis vingt-cinq ans et ça n'a jamais été remis en cause, affirme-t-il. Du reste, l'essentiel de nos financements est imputé aux associations, des financements qui ont augmenté jusqu'à cette année. Cela dit, outre cette baisse de 10 % en 2011 – compensée en partie par un budget exceptionnel de 16 millions d'euros débloqué en août 2011 par le ministre de la Ville, Maurice Leroy –, il est vrai que nous soutenons de plus en plus des dispositifs nouveaux qui ne sont pas portés par des associations, mais par l'Éducation nationale et des organismes publics. Par ailleurs, nous privilégions les axes définis par le Premier ministre que sont l'éducation, l'emploi et le développement économique, la santé et la prévention. Cela nous oblige à faire des arbitrages. »

Et François Adam de préciser que si « certaines actions comme l'appui à la création d'activités peuvent difficilement être prises en charge par des bénévoles au regard des compétences spécifiques requises, d'autres secteurs, comme l'aide aux devoirs, sont moins concernés par cette problématique ».

La force du bénévolat

De fait, beaucoup d'associations œuvrant dans les quartiers reconnaissent l'importance du bénévolat et son apport particulier par rapport au salariat. Mais pas n'importe quel bénévolat. À Zy'va, par exemple, 80 % des bénévoles ne sont pas issus du quartier. Le directeur explique : « Pour l'aide aux devoirs et l'accompagnement vers l'emploi, nous recrutons essentiellement des cadres, déjà bien installés dans leur carrière et qui n'ont pas besoin d'argent. D'abord parce que la banlieue a besoin de lien social, de mixité... C'est bien de voir des Blancs descendre du bus pour aller à Zy'va et de faire se rencontrer des mondes. Ensuite, nous avons créé Zy'va pour être un moteur de la réussite éducative : un étudiant issu du quartier, je vais avant tout l'encourager à poursuivre ses études. Et s'il veut s'engager, je fais tout pour lui proposer une vacation ou une indemnisation. »

À l'Afev (Association de la fondation étudiante pour la ville), créée en 1991 pour « apporter une réponse citoyenne à la relégation des quartiers populaires », *dixit* Christophe Paris, son délégué général, le bénévolat est un maillon essentiel du dispositif. Un bénévolat exclusivement étudiant. L'associa-

ASSO
Y'a du boulot!

tion lance chaque année une grande campagne de mobilisation dans des universités partout en France afin de recruter des bonnes volontés qui, durant un an au minimum (c'est l'engagement demandé), feront des suivis individualisés, le plus souvent au domicile d'enfants – des collégiens essentiellement – vivant en ZUS (zone urbaine sensible) ou en ZEP (zone d'éducation prioritaire). Et ça marche : « En vingt ans, 125 000 étudiants sont passés par l'Afev. Et ils sont toujours très contents de leur année chez nous. Le problème, c'est le *turn over* pas toujours facile à gérer », précise Christophe Paris. Mais, avec 60 000 heures de bénévolat par an au compteur, l'Afev est incontestablement une réussite, réussite liée notamment à son mode de fonctionnement. « Le jeune se met à la disposition de l'enfant, il est là pour lui et, dans ce cadre, le bénévolat est fondamental, car c'est un acte gratuit et cette posture revalorise la personne accompagnée ; ce lien fort facilite sa remobilisation à l'école, commente le directeur général. Et puis, dans ces territoires qui ont tendance à se renfermer sur eux-mêmes, la présence en nombre de bénévoles redonne de l'espoir et change le regard que les habitants ont sur leur lieu de vie ; c'est un élément positif, facteur par ailleurs de mobilité, car on les fait sortir du quartier. » Le bénévolat est ici une identité à part entière de l'action menée, mais qui ne pourrait pas se déployer sans les cent salariés de la structure qui recrutent, forment, accompagnent… les bénévoles. D'où l'importance, ici peut-être plus qu'ailleurs, du maillage entre les statuts. Corinne Unsen relate : « À Azur, il y a six salariés et une quarantaine de bénévoles. Ce sont surtout des habitantes du quartier et c'est cela qui nous donne de la légitimité et a permis de créer de la confiance, un travail de longue haleine. Grâce à elles, nous avons une bonne connaissance du quartier… Autre avantage : nous recrutons facilement des bénévoles, la plupart venant d'abord pour participer à une activité ou faire appel à nos services. »

Et c'est une autre caractéristique du fonctionnement des associations en banlieue : faire émerger des vocations. Saïd, jeune chômeur habitant au Clos Saint-Lazare à Stains (93), avait tendance à tenir les murs et aurait pu mal tourner... jusqu'au jour où l'APCIS (Association pour la promotion culturelle intercommunautaire stanoise), implantée dans le quartier depuis vingt ans, lui ouvre ses portes. D'abord consommateur de cette structure qui vient notamment en aide aux jeunes via du soutien scolaire, de l'aide à la recherche d'emploi, etc., Saïd va s'y impliquer bénévolement, puis s'y engager dans le cadre d'un contrat de service civique d'un an ; il y mène, entre autres, des actions de prévention et, en parallèle, suit une formation pour devenir moniteur/éducateur. Son projet ? Être embauché en CDI et aider les familles du quartier.

Marie-Ève Point du Jour aussi est passée par l'APCIS. D'abord bénévole, elle est rapidement embauchée pour superviser l'accompagnement scolaire. Au bout de deux ans, face à une surcharge de travail et un salaire peu élevé, elle décide de prendre une autre voie professionnelle... Non sans avoir été atteinte par le virus de l'engagement. D'abord, elle intègre le conseil d'administration de l'association et le bureau, puis, en 2008, elle crée Esprit collectif, une association venant en aide à des jeunes désireux de monter des projets sportifs, humanitaires, culturels... Une structure basée exclusivement sur le bénévolat et qui s'essouffle un peu. Mais Marie-Ève y croit, confiante dans sa capacité à mobiliser les troupes. Et de préciser : « En banlieue, le bénévolat permet d'avoir un statut social, de se sentir important. L'APCIS a accueilli plein de jeunes qui en avaient marre de galérer et qui avaient envie de faire quelque chose de bien ; c'est un refuge et un repère. Personnellement, ça m'a aussi donné une âme de militante. Je suis née citoyenne à l'APCIS. »

Bénévolat et intégration

Et c'est une autre des vertus du bénévolat : l'intégration. Une réalité qui, selon Claire Nicolas, militante associative de longue date et habitante de Montreuil (93), tend à disparaître. Elle s'explique : « Les banlieues ont été des espaces dans lesquels l'intégration des populations nouvellement arrivées en France s'opérait via des associations et du bénévolat, par la volonté de militants PC qui œuvraient notamment dans le soutien scolaire ; cela créait une solidarité interculturelle et intergénérationnelle et cela permettait de sortir du quartier. Aujourd'hui, ces bénévoles sont partis des banlieues, remplacés par une population homogène et des associations souvent axées sur une communauté… La conséquence directe ? Créer des processus de ghettoïsation. » Enfermement *versus* intégration, bénévolat *versus* salariat, associations *versus* pouvoirs publics, bonnes volontés *versus* compétences, tensions sociales *versus* soupape associative… tous les paradoxes de l'engagement associatif en banlieue sont là. À la fois indispensable aux quartiers, source d'épanouissement, et insuffisant pour faire face à des problématiques sociales de plus en plus complexes.

Anne Dhoquois

Émotions médiatiques et engagement

Les images du tsunami ravageant les côtes sud-asiatiques en 2004 ou celles d'Haïti comptant ses morts suite au tremblement de terre de janvier 2010 ont marqué les esprits. Déclencheurs d'émotion, elles suscitent souvent un élan de générosité. Est-ce suffisant pour donner envie de s'engager ? Début de réponse.

« En l'absence d'un traitement médiatique fort de l'événement, la bulle de générosité n'enfle pas », écrivait Antoine Vaccaro, président d'Excel dans le numéro 93 d'*Aventure* (Guilde européenne du Raid) à l'automne 2001, soulignant la corrélation entre la progression du financement privé des associations et les crises humanitaires internationales. Et les faits lui donnent raison. Le tsunami qui a ravagé les côtes sud-asiatiques en décembre 2004, et qui a donné lieu à pléthore d'images spectaculaires, comme les tremblements de terre à Haïti ou au Japon, ont généré des dons massifs, mais aussi un afflux de volontaires. Et même s'il est difficile de quantifier les bonnes volontés, les médias servent à la mobilisation sur le terrain, jouant ainsi un rôle capital. « Les médias génèrent des dons, or, sans don, pas d'action », rappelle Jean-François Riffaud, directeur de la communication et du développement des ressources de la Croix-Rouge française.

Des dons, voire un engagement bénévole… mais quels en sont les moteurs ? « Le sentiment de pitié et de compassion que l'on peut éprouver à l'égard de ceux qui font face à des souffrances conduit à l'engagement, à la mobilisation et à l'expression de la solidarité », affirme Sékouna Keita dans sa thèse *Communication, médias et solidarité inter-*

nationale : la médiatisation de l'humanitaire dans la presse française[3], étayant sur les essais de Luc Boltanski, Susan Sontag, Daniel Cefaï, Marie-Claude Bais... un propos qui ressemble à une évidence : la compassion entraîne l'envie de s'engager. Pour réparer une souffrance observée, par solidarité humaine, mais aussi pour soigner sa propre culpabilité face aux moins bien lotis que soi.

Ces motivations « visent, non pas toujours à vouloir réduire les inégalités sociales mais au moins à les rendre apparemment moins voyantes aux yeux des autres et à ses propres yeux », analyse Jean-Paul Arveiller, psychologue clinicien, dans le « Baromètre d'opinion des bénévoles[4] ». Baromètre qui permet de constater que les motivations poussant au geste d'engagement ressortent tout autant de l'envie de réparer que de se réparer (besoin d'activités, rencontrer d'autres personnes...)[5]. Car « le don tel que le définit Marcel Mauss s'inscrit dans un circuit à trois entrées : donner, recevoir, rendre, explique Pascal Dreyer[6]. J'ai un intérêt à faire ce don, il me fait du bien. Je n'en attends pas forcément de retour immédiat, mais je sens que je m'inscris dans une relation de réciprocité. C'est très important car c'est une autre manière d'envisager le lien social, sur un horizon non marchand, à double sens, dans une société qui ne repose plus que sur une logique marchande, à sens unique ». « Dans le cas d'une catastrophe naturelle ou industrielle, poursuit-il, c'est le sentiment de proximité envers les populations concernées qui fait réagir les gens, proximité qui dépend à la fois de

3 Présentée fin 2009 à l'université Paul-Verlaine de Metz en vue de l'obtention du grade de docteur en sciences de l'information et de la communication.

4 2e cahier, mars 2008, « Les premiers pas bénévoles ».

5 À noter que « Un événement relaté par les médias » est le déclencheur du premier engagement pour 4 % des personnes interrogées. Un chiffre qui monte à 15 % quand il s'agit d'un engagement dans une association de défense.

6 Pascal Dreyer est rédacteur en chef de *Gérontologie et société*, auteur d'*Être bénévole aujourd'hui* (Marabout, 2006) et également commentateur du Baromètre.

l'histoire personnelle de chaque bénévole ou donateur et de la couverture médiatique. Or, les médias sont souvent manipulatoires car ils jouent sur l'émotion. La plupart des agences de marketing, humanitaire ou associatif, s'appuient sur le double ressort de la culpabilité (face à quelqu'un dans la détresse, on serait vraiment trop nul de ne pas agir) et d'un certain voyeurisme, à grand renfort d'images et de chiffres dramatiques. Il semble alors que l'on agit pour réparer sa culpabilité. »

Peur et caricature

Parmi les ressorts émotionnels, la peur figure également en bonne place. « La médiatisation du tsunami, prolongeant l'effondrement perpétuel des deux tours du World Trade Center, contribue à modifier les échelles du temps et de l'espace pour générer de nouvelles peurs, plus ou moins rationnelles », dénonce ainsi Gérard Arboit[7] dans un article sur « l'utilisation médiatique des catastrophes », comme l'ont fait en leur temps Act Up et Aides sur le sida, luttant chacun à leur façon contre cette dérive. Une dérive qui a parfois des conséquences étonnantes. « Face à un traitement médiatique caricatural, offrant une image des jeunes des quartiers défavorisés qui les interroge, beaucoup des étudiants qui s'engagent chez nous pour aider les 150 000 jeunes sortant du système scolaire sans diplôme ni qualification le font à rebours de la peur qu'il peut engendrer, pour faire en sorte de la contredire. C'est une façon très mature de s'engager, assez nouvelle », constate Élise Renaudin, directrice déléguée de l'Afev[8].

Car malgré leur utilité immédiate pour les associations, les émotions sont éphémères. Elles n'entraîneront pas un don durable de soi, mais un geste rapide de réparation, comme le

7 Chercheur au Centre d'études et de recherches interdisciplinaires sur les médias en Europe (Cerime) de l'université Robert-Schuman de Strasbourg et rédacteur en chef de la revue *Renseignements et opérations spéciales*.

8 Association de la fondation étudiante pour la ville.

don d'argent. Plus encore aujourd'hui où l'on voit émerger une nouvelle façon de s'engager, dont la plupart des associations témoignent, de l'Afev à la Ligue contre le cancer. « C'est comme si les bénévoles aujourd'hui s'engageaient plus de leur propre chef [pour des raisons personnelles, éthiques ou politiques, NDLR] que parce que l'on a besoin d'eux dans l'immédiat, concrètement. Nous avons plus de propositions de bénévolat à la suite d'une campagne sur les dysfonctionnements du système médical (accès aux soins, dépassements d'honoraires, solitude des personnes hospitalisées...) que sur une campagne d'appel au bénévolat à proprement parler », constate Christophe Leroux, délégué à la communication et au développement de la Ligue.

Le traitement médiatique catastrophiste repose sur une idée ancienne et obsolète de l'engagement, motivé par la charité, la compassion ou la pitié. Il entraîne un investissement relativement superficiel, concrétisé par le don d'argent. Mais pour un engagement durable et mature, la corrélation entre une cause et l'écho qu'elle pourra avoir dans l'histoire d'un individu et dans son rapport au monde est indispensable.

Christel Leca

Mécénat de compétences ou la rencontre entre deux mondes

Mettre à la disposition des associations l'expérience des employés d'une entreprise, tel est le principe du mécénat de compétences, celles-ci pouvant être liées au secteur d'activité de l'entreprise ou à des fonctions administratives, financières, marketing, etc. Renforcer la cohésion des équipes, d'un côté, soutenir les associations dans leur projet, de l'autre, tout le monde semble y gagner… Témoignages.

« Le mécénat de compétences est un moyen formidable de valoriser ses salariés et d'apporter une aide concrète aux associations. » Bénédicte Menanteau, déléguée générale de l'Admical, association fondée en 1979 et reconnue d'utilité publique depuis 1992, n'y va pas par quatre chemins. De fait, la structure qu'elle dirige n'est autre qu'un centre d'information, d'échange, de réflexion et de formation des acteurs du mécénat qui rassemble cent quatre-vingts adhérents. Mais derrière l'enthousiasme, le pragmatisme n'est pas loin. Et Bénédicte Menanteau de rappeler quelques principes qui doivent présider à sa mise en place : « Il faut avant tout que s'instaure un dialogue très fort entre l'entreprise et l'association. Cette dernière doit comprendre comment fonctionne un collaborateur d'entreprise, qui n'a pas forcément la même culture qu'elle, et vice versa. Pour cela, les bénévoles doivent avoir été préparés à intervenir dans l'association, avec l'aide de celle-ci. Et l'association doit se préparer à accueillir la différence. La relation devra être, comme le mécénat en général, basée sur l'échange et le respect mutuel. »

De l'eau à l'argent

Échange et respect mutuel… La devise a déjà séduit quelques grandes entreprises françaises, au premier rang desquelles on trouve Veolia et sa fondation. Créée en mai 2004 et dotée d'un budget annuel de plus de sept millions d'euros, la Fondation Veolia Environnement soutient, en France et à l'étranger, des projets d'intérêt général : solidarité, insertion professionnelle et environnement. Première caractéristique : elle fait accompagner chaque projet par un parrain, collaborateur du groupe. Et, dès le début, elle a choisi de développer le mécénat de compétences. Thierry Vandevelde, délégué général de la fondation, explique : « C'est une vraie valeur ajoutée : en plus de notre dotation financière, les associations expriment un grand besoin de compétences, que nous pouvons leur apporter grâce à la richesse de nos équipes et la diversité de nos métiers : compétences techniques sur l'eau, les transports, l'environnement, l'énergie, mais aussi appui organisationnel, financier, juridique… Pour ce faire, nous nous appuyons sur Veoliaforce, un réseau de collaborateurs volontaires issus des quatre divisions du groupe qui interviennent sur le terrain, et sur leur temps de travail. » Ainsi, les volontaires de Veoliaforce sont intervenus en Haïti, immédiatement après le séisme, aux côtés des équipes de réponse à l'urgence de la Croix-Rouge et d'Action contre la faim. Près de trente volontaires se sont succédé sur le terrain et trente-cinq tonnes de matériel d'urgence ont été acheminées sur place. Thierry Vandevelde commente : « Depuis le début de

« Les associations expriment un grand besoin de compétences, que nous pouvons leur apporter. »

la catastrophe, plus de 270 000 personnes ont pu être alimentées en eau potable grâce à l'action conjointe de Veoliaforce et de ses partenaires. »

Agir à l'autre bout du monde ou en bas de chez soi, mettre à disposition des compétences techniques ou administratives, le mécénat de compétences s'adapte à toutes les situations. Ainsi, depuis trois ans, deux employés de la succursale HSBC de Strasbourg se relayent un vendredi par mois dans une des plus importantes antennes du Secours populaire de l'agglomération. Avec ou sans rendez-vous, ils conseillent les bénéficiaires pour faire face à leurs difficultés financières. Dominique Beaujeux, directrice de la succursale HSBC de Strasbourg, relate : « Nous avons un partenariat avec le Secours populaire, au niveau national, pour la collecte de jouets, et je suis entrée en contact avec la responsable de l'antenne car je voulais aller plus loin. Nous avons réfléchi ensemble à ce qui pourrait aider les personnes en difficulté. Elles font face à des interdits bancaires, des échéances de crédit impayées, ou l'impossibilité d'honorer des factures d'électricité ou de gaz. Un mécénat de compétences s'est mis en place et une dizaine d'employés se sont portés volontaires, essentiellement des commerciaux et assistants commerciaux. Il ne s'agit pas de régler leurs dettes, mais de les aider à repousser des échéances de crédit ou à reporter le paiement de factures. Les employés rédigent des lettres, au nom des bénéficiaires, pour négocier avec leur banque ou EDF un délai de paiement ou un échéancier. Ce sont des opérations simples pour les employés, mais ils ont été formés en interne pour mieux répondre à la demande. »

Mieux répondre à la demande, mais aussi adopter pour l'occasion une autre posture. Dominique Beaujeux ajoute : « Nous ne tenons pas de statistiques sur cette activité (nombre de personnes conseillées, etc.), car nous avons choisi délibérément de sortir du quotidien bancaire, basé sur les résultats, les chiffres, les objectifs… Parfois, nos collaborateurs ne rencontrent personne, ou on leur pose un lapin, ça fait partie du contrat. Ces personnes sont éloignées des démarches administratives, mais aussi de notre culture de la performance, du rythme du travail… Je trouve important, pour un banquier, de savoir qu'il existe d'autres réalités. S'y confronter, de cette façon ou d'une autre, ça remet les pendules à l'heure… »

Les collaborateurs citoyens

Autre entreprise, autre procédé. En mars 2006, un accord signé avec les partenaires sociaux formalisait le « statut de collaborateur citoyen » chez SFR. À travers ce statut, trois « forfait temps citoyenneté », de six à quinze jours ouvrés par an, sont proposés aux salariés, et le statut est attribué pour une durée d'un à trois ans, selon le souhait du collaborateur. Le champ d'action des associations bénéficiaires du mécénat de compétences est celui de la Fondation SFR, soit l'égalité des chances, élargi à l'environnement et à la santé. Aujourd'hui, une cinquantaine de personnes bénéficient du statut de collaborateur citoyen chez SFR et environ cent trente l'ont obtenu depuis sa création, ce qui correspond à 45 000 heures au total consacrées aux associations. Emmanuelle Potin, responsable de la Fondation SFR et du pôle engagement solidaire, revient sur ce dispositif unique en France : « Notre originalité repose sur le fait que c'est le collaborateur qui est à la racine du projet, à l'image de l'engagement citoyen de SFR : quelle que soit l'action portée par la fondation, elle est toujours proposée, parrainée ou réalisée par un collaborateur. Celui-ci peut demander le statut, en déposant un dossier qui présente la mission et l'association concernée. Chaque projet est présenté à un jury, composé de membres du conseil d'administration, d'élus du personnel, de représentants des ressources humaines et de managers de l'entreprise, qui octroie ou non les jours demandés. »

Les types d'actions concernées sont divers et variés. Ainsi, un employé a créé et commercialisé des produits dérivés pour l'association Le Rire médecin, un autre a animé un atelier sur la prise en main de l'outil informatique pour Emmaüs Défi à Paris, un troisième a organisé des événements pour l'Association des paralysés de France. « Nous ne jugeons pas de la pertinence de l'action au regard des compétences du collaborateur. Cependant nous l'accompagnons, l'aidons à préparer sa mission – même si, dans la majorité des cas, les collaborateurs connaissent bien l'association, dans laquelle ils sont déjà engagés bénévolement – et effectuons un suivi. Chaque collaborateur citoyen rédige un bilan en fin de mission », précise Emmanuelle Potin.

Est-ce à dire que le mécénat de compétences serait en passe de devenir un outil pour les directions des ressources humaines des entreprises ? Bénédicte Menanteau met en garde : « Le mécénat de compétences ne peut pas se substituer à une politique de ressources humaines construite et tournée vers les collaborateurs ; il s'agit de ne pas l'utiliser pour gérer son personnel. De la même façon, il faut qu'il demeure dans le champ de la liberté, comme le mécénat globalement. Pour le collaborateur, c'est une démarche personnelle, intime, qui doit rester sur le principe du volontariat. »

Christel Leca

TÉMOIGNAGE DE SALARIÉE

Marina Leroux, 35 ans, est responsable des relations avec les associations de consommateurs chez SFR. Aider les personnes surendettées à réduire leur facture téléphonique, c'est le projet sur lequel elle a travaillé avec Emmaüs Défi. Après s'être impliquée sur son temps de travail de façon informelle, elle est depuis mars 2010 collaborateur citoyen. « Ce projet de téléphonie solidaire est parti d'un constat : pas mal de gens surendettés ont des notes de téléphone énormes alors qu'ils ne touchent que le RSA. Nous avons donc décidé de les aider à se remettre dans un circuit normal, en les accompagnant pendant six mois à un an dans leur usage de l'Internet et du téléphone, explique-t-elle. Pour cela, il faut d'abord comprendre le contexte qui a amené la personne à se mettre dans cette situation, pour ensuite définir des solutions adaptées à chacun. » Pour y parvenir, Marina Leroux a construit des outils mis à la disposition des intervenants pour les aider dans leur approche des populations concernées. Il y a eu d'abord un guide pédagogique, puis des formations à la téléphonie pour les bénévoles d'Emmaüs Défi. Et, depuis octobre, Marina Leroux forme tout ce petit monde à l'écoute. Avec un objectif complémentaire : aider les bénéficiaires de l'association à se réinsérer. « Cela m'a permis de rencontrer d'autres bénévoles qui ont les mêmes valeurs que moi ainsi que les bénéficiaires du programme qui m'ont ouvert l'esprit sur d'autres réalités, mais aussi de développer mes compétences. C'est extrêmement enrichissant intellectuellement », s'enthousiasme-t-elle.

Mary L., 65 ans : la culture au village

Tisser du lien en milieu rural et amener les autres à franchir des barrières culturelles, cela peut être un grand mot ou une grande idée. C'est pourtant le quotidien de Mary L., aux côtés de la jeune équipe du café Plùm installée depuis peu à Lautrec, village médiéval planté sur les coteaux du Tarn.

Elle aime les héros solitaires, un peu austères, retranchés dans leurs rêves, et les décrit comme « des êtres très forts, hors du commun, campés dans une solitude, mais qui en même temps font un bien fou à une société qui ne les voit pas ». Des héros sortis des livres de Jean Giono, comme *L'homme qui plantait des arbres*[9] par exemple.

Pourtant, Mary n'a rien d'une solitaire. Ce week-end de juillet, elle déambule joyeusement dans les allées ombragées d'un festival du livre, à Lautrec, commune de 1 800 habitants située dans le Tarn, non loin de la grande maison qu'elle habite désormais, cet endroit où elle « aime être vieille ». Dans la grande cour de l'ancienne école, reconvertie en café-librairie, le café Plùm, Mary est à son aise : livres, contes, enfants qui papillonnent, plateaux-repas à l'ombre d'un arbre, discussions discrètes, rencontres de voisinage ou découvertes de petits auteurs et libraires. « Je vais vers ce qui me rassure, dit-elle, dans une société de guerres et d'humains sacrifiés, je cherche ces beaux moments durant lesquels on découvre un idéal. » Comprenez les livres, la rencontre, le dialogue paisible.

---

[9] Cette nouvelle écrite en 1953 véhicule de nombreux messages : écologiques, humanistes et même politiques. L'histoire d'Elzéard Bouffier, le héros qui fait revivre sa région en plantant des arbres, est en effet considérée dans la littérature écologiste comme une parabole de l'action positive de l'homme sur son milieu et de l'harmonie qui peut s'ensuivre.

Mary L., 65 ans, ancienne prof, petit bout de femme de taille moyenne, à la voix claire, les cheveux longs et grisonnants remontés en chignon, l'œil un peu malicieux, la démarche et l'élocution rapides, est aujourd'hui « bénévole à plein temps ». Elle confie qu'elle est née non loin de là, à Albi, à une époque qui ne respirait pas la joie de vivre et dans une famille qui, bien que composée de quelques amoureux de la poésie, était « plus dans l'action que dans la lecture ». C'est peut-être pour cela que, toute petite, elle se sentait déjà un peu révoltée, a voulu courir le monde, s'engager, et qu'entre un père « taiseux, austère et exigeant » et trois grands frères qu'elle voyait comme des puissants, elle a développé son « côté adulte qui veut remettre en question "l'adulte raté", celui qui ne va pas vers les autres et se contemple le nombril souvent rempli de haine ». Une manière de prendre sa revanche sur ce monde qu'elle considérait comme injuste, inhumain, pour les plus faibles, les délaissés.

« En milieu rural, il y a des spécimens, des tempéraments un peu rudes, distants. Alors ce café, c'est le lieu idéal pour tisser du lien. »

Titulaire d'une licence d'anglais, elle a occupé plusieurs postes d'enseignement, principalement dans des lycées ou collèges agricoles. « Intéresser des jeunes qui n'ont aucune prédisposition à la littérature et aux lettres, je connais bien, sourit-elle. Il faut inventer des tas de ruses pour les amener à s'y plonger. »

Albi, Moissac dans le Lot, Oloron dans les Pyrénées-Atlantiques ou l'île de La Réunion pendant cinq ans, Mary, ses trois enfants et son mari, qui avait choisi de quitter son travail pour s'occuper de la famille, ont arpenté le monde et multiplié les expériences ; elle y a développé ce besoin indispensable de « valoriser l'autre subtilement », la plupart du temps en l'amenant à la culture et donc à la remise en question, l'ouverture. Enseigner à des jeunes en milieu agricole lui a ainsi appris que les barrières intellectuelles étaient franchissables.

Grâce à ce mari qui avait compris qu'elle avait besoin de s'engager et qui, selon ses termes, « vivait comme une vraie femme à la maison », elle a multiplié les rencontres et échafaudé sa façon d'aider, soutenir, rendre service. Également famille d'accueil, elle a élevé ou accueilli six autres enfants, participant et adhérant à une multitude d'associations, des structures visant toujours à valoriser la culture, la littérature, la poésie. Passionnée de chanson française, toujours un livre à portée de main, Mary a, tout au long de sa vie, voulu « faire du bien. C'est le sens étymologique de bénévolat, n'est-ce pas ? ».

La retraite en donnant

De retour sur ses terres natales il y a trois ans, dans la grande maison familiale que ses beaux-parents avaient délaissée, elle s'investit à nouveau. Organisation d'un petit festival avec l'école de musique, un autre sur la littérature des îles avec les Amis de la médiathèque, lieu où elle s'occupe également du Printemps des poètes... Elle monte, par ailleurs, une fois par an le week-end du livre dans différents lieux de Lautrec, impliquant les commerçants, les habitants, les autres associations pour des lectures ou des ventes. Et puis, avec « Chantons sous les toits », Mary accueille régulièrement une trentaine de personnes chez elle pour écouter un groupe ou un troubadour de passage. Autant d'événements qui dynamisent son coin de campagne et lui permettent de partager son expérience, ses passions, son enthousiasme...

Malheureusement, son mari décède en 2010 de la longue maladie qui les avait tous deux obligés à revenir dans le Tarn. Le choc est dur, et Mary côtoie la solitude. Fin août, elle assiste à une soirée au café Plùm pour y écouter un conteur malien. C'est le coup de foudre avec la jeune équipe qui gère le lieu. Depuis, elle y passe au minimum trois fois par semaine.

Le café Plùm, c'est d'abord le rêve fou, déraisonnable de trois amis, qui, après des parcours dans les arts et la culture, décident de créer un pôle culturel et d'échange en milieu rural. Tout démarre par l'association Ma Case, qui diffuse des musiques du monde et organise le festival Culture vagabonde en pays de Cocagne. Maïwenn, Cathy et Stéphane se sont rencontrés d'abord autour de cette association, puis ont décidé de « faire de l'intelligence collective », laissant divaguer leurs rêves les plus fous. Après ce bouillonnement d'idées, la mairie de Lautrec suggère aux trois acolytes de reprendre le bar du village situé dans l'ancienne école catholique aux voûtes médiévales. Une cour intérieure amène à la grande salle partagée en deux parties. À gauche, le bar et quelques tables, trois marches en dessous une grande pièce dont les murs de pierre ont été recouverts d'étagères débordant de livres. Ceux-ci ont tout d'abord été prêtés par une librairie toulousaine, Terra Nova, et peu à peu la petite équipe a maîtrisé les commandes pour compléter le choix. Librairie, mais aussi restaurant pour y déguster les tartines maison, et également salle de spectacles dans une pièce voûtée qui peut contenir une trentaine de personnes.

Pour Mary, c'est l'occasion rêvée de poursuivre ses activités. « Quand nous sommes revenus ici avec mon mari, j'étais "neuve". Les gens connaissaient mon nom, celui de ma belle-famille, mais moi je les découvrais. En milieu rural, il y a des spécimens, des tempéraments un peu rudes, distants. Alors ce café, c'est le lieu idéal pour tisser du lien. » Les trois jeunes gens qui le gèrent ? Mary les décrit comme les « Hussards sur le toit » de Lautrec. Giono n'est jamais très loin. Et c'est à leurs côtés qu'elle va décider de s'impliquer. Le samedi matin, elle apporte *Le Monde*, un bouquet de fleurs, et beaucoup de sourires. Le reste de la semaine, elle vient donner un coup de main les soirs de spectacle, de concert, ou de conte. Elle tient la caisse de temps à autre et y organise une fois par mois un café littéraire. Des comédiens ou des passionnés viennent déclamer ou lire des extraits de livres ; Mary en profite parfois pour y chanter Brel, Barbara, Catherine Sauvage ou Jacques Bertin, ses passions musicales, « avec un accompagnement au piano, et surtout du cœur ».

Entre-temps, Mary a été élue au conseil municipal ; elle prépare par ailleurs avec R' d'Autan, la radio locale, une émission sur le thème du voyage.

Pour Maïwenn, du café Plùm, « Mary, c'est une conteuse, elle parle et raconte tout le temps des histoires. Mais c'est aussi une aide précieuse avec les gens du village, un maillon essentiel dans ce que nous voulons instaurer ici, ce lien entre culture générale et spécificités locales ». Pour Claudie, l'amie bénévole rencontrée sur place, et autre dame veuve engagée dans le café, « c'est un leader naturel sans autorité. Une personne très dynamique et très fédératrice ».

L'art de l'engagement

Ce dimanche de juillet, entre quelques bises à des gens de passage, un achat de bouquins pour des gamins du village, la préparation de sa « rentrée littéraire », Mary s'interroge encore sur ce qui la fait courir. « Le bénévolat, ça me fait planer. Après, je ne sais toujours pas la raison profonde de cet engagement. Est-ce que je fais ça, comme des milliers de bénévoles, pour être reconnue et admirée ? Parce que je n'aime pas voir des gens malheureux ? Pour trouver ma place ? Parce que je me prends pour le sauveur ou bien est-ce pour réparer les défaillances en moi ? Ce dont je suis sûre, c'est que "Je te donne, tu ne me demandes rien" pourrait être ma devise. Je me remets toujours en question et je suis toujours en mouvement. Il faut savoir être léger, ne pas insister, ne pas faire ressentir à autrui ses faiblesses. Valoriser subtilement, c'est presque un art », conclut-elle. À voir les sourires qui croisent la route de Mary, on se dit que la sienne a été tracée dans un ciel chargé d'échanges harmonieux. En planant au-dessus des orages de la vie.

Philippe Gagnebet

Convictions religieuses et bénévolat

En 2011, la place de la religion dans le monde associatif est pour le moins diverse. Si dans certaines organisations, une « déconfessionnalisation » s'est effectuée au profit des valeurs universelles de solidarité, d'autres désirent cultiver leur appartenance religieuse. Et du côté des bénévoles croyants, la motivation première de leur engagement reste le combat pour la justice sociale. Tour d'horizon des différents maillages entre associations, religions et bénévolat.

Claudine est bénévole depuis quinze ans à l'antenne du Secours catholique d'une commune des Côtes-d'Armor. Catholique pratiquante, elle connaissait l'association avant de s'y engager. « On est venu me chercher à la sortie d'une messe », raconte-t-elle. Déjà, lorsqu'elle vivait à Paris, elle faisait du bénévolat dans sa paroisse et considère sa foi comme l'une des principales raisons de son engagement.

Accueil, visites aux personnes démunies, broderie, etc., Claudine donne de son temps et de son énergie, comme 63 000 autres bénévoles du Secours catholique en France. La lutte contre la pauvreté est la priorité de cette association qui se dit « au service de l'Église catholique ». Reconnu d'utilité publique, le Secours catholique gère un budget annuel de 130 millions d'euros pour venir en aide à 1 450 000 personnes chaque année en France et à plus de 3,7 millions à l'étranger. Ses statuts font clairement référence à son origine confessionnelle et la volonté d'aider les pauvres et de promouvoir la justice sociale pour tout homme prend sa source dans la religion catholique. Des statuts mais aussi une vie associative très liée à l'Église. Claudine explique que leur local à

Saint-Brieuc est prêté par une paroisse catholique et ils ont régulièrement la visite d'un prêtre. Identité catholique forte donc... mais jusqu'à quel point la mettre en avant ? Ainsi, il y a quelques années, le président de l'antenne désirait que les bénévoles commencent leur travail par une prière. Claudine s'y est opposée : « Ce n'est pas notre place, nous n'avons pas à imposer notre religion à ceux qui ne croient pas. » Bénévole également dans d'autres associations, Claudine estime que la connotation religieuse du Secours catholique peut être pesante, en particulier pour le Secours populaire et les Restos du cœur avec qui elle travaille main dans la main.

Pour Rodolphe Bortoluzzi, responsable du département bénévolat du Secours catholique, il n'y a pas de contrainte religieuse pour les bénévoles, même si aujourd'hui le Secours catholique cherche à affirmer davantage son identité religieuse, en lien avec l'Église de France, tout en conservant une grande autonomie d'action. La plupart des bénévoles, aux deux tiers féminins, sont de culture catholique et trouvent une motivation dans leur foi, mais 30 % ne sont là que pour des motivations humanistes et auraient pu s'engager ailleurs. « Chacun est respecté dans son cheminement et le Secours catholique est d'abord une association de solidarité. Nous avons des musulmans et des non-croyants parmi les bénévoles. Ce qui est indéniable, c'est qu'on réfléchit au sens de nos actions, il y a beaucoup d'interrogations sur le sens de la vie », commente le responsable des bénévoles.

Des valeurs avant tout

La majeure partie des associations d'inspiration religieuse est attachée à des valeurs sociales, éducatives ou culturelles qui rejoignent les valeurs de solidarité de la République française, cela explique pourquoi ces associations occupent souvent une place très importante dans le partenariat associatif des pouvoirs publics. Martine Barthélemy[10], qui a étudié le milieu associatif, considère qu'il existe en France une très grande diversité et que le terme d'association confessionnelle est difficile à circonscrire. Seulement 4 % à 5 % des bénévoles se disent appartenir à une association religieuse. Par ailleurs, certaines associations qui ont eu un passé confessionnel ont vécu une véritable évolution, ainsi Emmaüs ne se considère plus comme association confessionnelle. À l'inverse, d'autres cherchent à renouer avec leurs valeurs d'origine.

> « En tant que musulman, on doit aider les autres, tous les autres. »

Quant à Martine Cohen, chercheuse au CNRS, elle évoque une visibilité plus grande du religieux dans les associations d'action sociale et une nouvelle légitimation du motif religieux comme ressort de l'engagement. On y trouve des militants très croyants : « L'aspect religieux devient la valeur source de leur engagement dans le bénévolat. »

Les associations d'origine chrétienne, plus anciennes et plus nombreuses en raison de l'histoire de la France, ont connu pour la plupart une période d'enfouissement dans les années 1945-1970. La visibilité est revenue dans les années 1970, période de renouveau religieux dans le sillage du mouvement hippie et des religions orientales. Aujourd'hui, les catholiques qui affichent leur foi sont plus nombreux, mais dissocient souvent le caractère privé de celle-ci du champ d'action de la solidarité. On observe cependant chez certaines associations une volonté institutionnelle de se recentrer

---

10 Martine Barthélemy est directrice de recherches au Centre de recherches politiques de Sciences-Po. Spécialisée dans la sociologie politique, le militantisme associatif et, plus largement, le mouvement associatif, elle travaille sur la représentation de la laïcité en milieu associatif et dans l'ensemble de la société française.

sur les origines religieuses. Ainsi, les évêques français avaient signalé une faible dimension spirituelle au CCFD (Comité catholique contre la faim et pour le développement), bien que cette association loi 1901 ait reçu à son origine le mandat de la Conférence des évêques de France pour mobiliser la solidarité des chrétiens. Au fil des ans, le CCFD – qui soutient aujourd'hui plus de 500 projets dans environ 80 pays du monde – avait occulté la dimension spirituelle de son action au profit du social. Un tournant semble s'opérer, comme on a pu l'observer lors du renouvellement de ses engagements et des discours des évêques, à l'occasion de son 50e anniversaire en mars 2011.

Du côté des bénévoles, cette volonté de recentrage n'est pas toujours partagée. « Je suis chrétienne mais très peu pratiquante, donc je n'ai pas choisi le CCFD pour son étiquette catholique, explique Arlette, bénévole à Paris. Les valeurs sont importantes et j'ai regardé si les objectifs me convenaient, comment était gérée cette association, les frais de fonctionnement… Le temps est quelque chose de précieux, je ne voulais pas le gaspiller. J'ai beaucoup reçu et il fallait que je donne de mon temps à ceux qui sont malheureux. » Mariée et mère de deux enfants, Arlette a rejoint les quelque 15 000 bénévoles du CCFD lorsqu'elle a pris sa retraite. Elle aime son bénévolat, mais visiblement les actions sociales du CCFD lui importent plus que les convictions religieuses affichées : « Pas besoin d'être catholique pour être bénévole au CCFD. Il suffit de penser que la misère n'est pas normale. Je connais des bénévoles athées. Ce qui nous motive, c'est que nos concitoyens sont très solidaires. »

La majeure partie des bénévoles choisiront donc une association en cohérence avec leurs convictions personnelles, même si la motivation première demeure la solidarité. À la Cimade (Comité inter-mouvements auprès des évacués), créée en 1939 par des protestants, les bénévoles accueillent et accompagnent 100 000 migrants et demandeurs d'asile chaque année. Intervenant dans les centres de rétention administrative, la Cimade est chargée par les pouvoirs publics d'une mission d'accompagnement et de défense des droits des étrangers contraints de quitter le territoire. Comme l'explique Martine Bertin, soutien aux bénévoles et salariée depuis 2000, les bénévoles viennent d'abord parce qu'ils adhèrent à l'action de la Cimade. « N'importe qui peut être bénévole, on trouve des chrétiens, des athées, etc. Le réseau protestant envoie des bénévoles, mais beaucoup s'engagent chez nous par intérêt pour les actions de la Cimade et découvrent après le côté confessionnel. »

43 % des bénévoles de la Cimade ont entre 61 et 80 ans, et la grande majorité sont des femmes. En 2010, la Cimade comptabilisait 1 800 adhérents, dont certains n'avaient pas le temps d'être bénévoles, pour 2 000 bénévoles actifs, car certains adhèrent aux actions entreprises mais pas aux statuts qui citent « l'évangélisme libérateur »...

Du côté des associations éducatives et sportives, la plupart ont abandonné leur caractère religieux au fil des ans. Une exception : les mouvements scouts. Domitien, 19 ans, est depuis douze ans chez les Scouts d'Europe. Aujourd'hui chef, il ne compte pas ses heures : trois camps d'été, des weekends tout au long de l'année et une participation active au site Internet du mouvement. Sa motivation ? Rendre ce qu'il a reçu. Bénévole dans d'autres associations non confessionnelles, Domitien voit dans l'aspect spirituel du scoutisme une richesse supplémentaire : « On aide la personne à grandir dans son intégralité : du concret (formation du caractère, sport), on passe au service de l'autre, puis à Dieu. » L'association des Guides et scouts d'Europe compte en France 29 000 adhérents, parmi lesquels 6 000 chefs et formateurs bénévoles. Solène Chéreau, chargée de la communication, explique que la formation religieuse est présente tout au long des activités, ce qui n'empêche pas d'accueillir tous les enfants et adolescents, sous réserve qu'ils acceptent d'avoir une réflexion spirituelle sur leur vie. Agréé par l'État depuis 1970, ce mouvement scout est aussi reconnu « mouvement de jeunesse » par la Conférence des évêques de France.

Identité *versus* religion

D'autres associations ont choisi une évolution beaucoup plus radicale. C'est notamment le cas de l'Armée du Salut. Créée en 1878 par un pasteur anglais pour aider les populations ouvrières des quartiers pauvres de l'Est londonien, l'association avait pour mission de proposer des conditions de vie décentes à tout homme, tout en s'occupant de son salut spirituel : « *Soup, soap, salvation* » (« Soupe, savon, salut »). Cette structure internationale est scindée en deux depuis le 11 avril 2000 : la Fondation de l'Armée du Salut, qui poursuit l'évangélisation, et la Congrégation de l'Armée du Salut, qui ne s'occupe plus que d'actions solidaires. Ainsi, la Congrégation du Salut se présente aujourd'hui comme non confessionnelle, tout comme le Fonds social juif unifié (FSJU) qui, lui, développe une problématique plus culturelle. Fédérant 239 associations juives qui œuvrent en majorité dans le domaine social et médical, ce dernier a accompagné et soutenu des milliers de personnes, en se référant aux valeurs de la tradition juive. Comme l'explique David Ben Inchou, son directeur, la solidarité envers les plus faibles est la première mission, la seconde étant le renforcement de l'identité juive. Créées au départ pour panser les blessures de la Shoah, les différentes associations du FSJU gardent une empreinte communautaire très forte. Avec un budget de 15 millions d'euros par an (dons privés, legs, subventions publiques), le FSJU accueille toute la palette juive : « des ultra-orthodoxes aux laïcards, pourvu qu'ils se préoccupent du social », précise

David Ben Inchou. Les soins donnés aux personnes malades, handicapées et aux nécessiteux ne sont pas exclusivement proposés à des juifs. Il n'empêche, en ce qui concerne les bénévoles, « il vaut mieux pour eux connaître ou être formés à la culture juive », reconnaît le directeur du FSJU. Du reste, la majorité des bénévoles y arrive par l'intermédiaire de synagogues. « Les juifs ont connu un temps universaliste, mais on observe actuellement un retour communautaire, avec un repli pour certaines associations juives, commente Martine Barthélemy. Dans le même temps, on assiste à une augmentation des juifs laïcs, qui revendiquent leur identité juive mais pas religieuse. »

Autre religion, autre évolution. Les musulmans affichent une volonté de laïcisation de leurs associations, mais trouver la neutralité n'est pas toujours évident. Le Secours islamique de France (SIF), fondé en 1991, se définit comme une ONG de solidarité internationale à vocation sociale et humanitaire non confessionnelle. À l'étranger, les pays aidés sont souvent à prédominance musulmane (Pakistan, Palestine, Libye et Tunisie), mais pas exclusivement : le SIF a envoyé des aides d'urgence en Haïti. Leurs valeurs humanistes s'inspirent avant tout des valeurs de l'islam (solidarité, respect de la dignité humaine), même si l'écologie fait aussi partie de leur combat, et les recherches de dons sont d'abord menées, lors du ramadan ou d'autres fêtes musulmanes, dans les mosquées.

Olivia Chouquet, responsable de la communication du SIF, déplore la peur et les accusations de prosélytisme à l'encontre du SIF. « Les valeurs de l'islam sont des valeurs universelles. Nous n'avons pas d'imam comme président de l'association, et le comité administratif a des membres de confessions différentes », rappelle-t-elle. Un gros travail de communication a donc été entrepris, telle leur campagne de publicité en 2010 : « La souffrance n'a ni âge, ni religion, ni genre. La solidarité non plus. »

Quatre cents bénévoles sont inscrits en France, dont quarante à cinquante maraudeurs permanents, et au total cent cinquante bénévoles actifs, surtout en région parisienne. La moyenne d'âge est très jeune (25-27 ans) avec une majorité de femmes. Musulmans pour la plupart, pratiquants ou non, ils viennent au SIF parce que touchés par l'aspect humanitaire et international, bien que seuls les professionnels partent à l'étranger.

Dounia Bouzar, chercheuse et anthropologue, a travaillé avec plusieurs associations musulmanes prenant en charge des enfants après l'école. Elle explique que ces associations cherchent actuellement à séparer cultuel et culturel pour être en accord avec la loi de 1905. L'une des premières questions que Dounia leur pose est : « Que mettez-vous en place pour

qu'au moment de la prière il n'y ait pas de pression pour ceux qui ne veulent pas y assister ? » En effet, la plupart des associations musulmanes sont à proximité d'une mosquée et ont du mal à s'émanciper de la pression religieuse. Certaines y parviennent en mettant en place des collaborations avec d'autres structures, comme cette association de Gennevilliers qui confie à des bénévoles chrétiens les enfants pendant l'heure de la prière. Pour Dounia, un nouveau concept émerge : « En tant que musulman, on doit aider les autres, tous les autres. »

Claire de Guillebon

Carnet de bord d'Anne M., bénévole et malvoyante

Je m'appelle Anne M. et j'ai plus de 80 ans.

C'est en mai 2005 que, pour la première fois, j'ai poussé la porte de l'association Valentin-Haüy* (AVH), comité de La Rochelle, à l'occasion d'une journée « portes ouvertes ». Atteinte depuis quelques mois d'une dégénérescence maculaire liée à l'âge ou DMLA (il me reste une petite vision périphérique sur chaque œil, mais aucune vision centrale), je suis à la recherche d'aide, et de renseignements dans tous les domaines.

À la suite d'un premier contact, dont je garde un souvenir chaleureux, et de conseils précieux, je m'inscris comme bénévole d'accueil dès la fin de l'année. Pourquoi ce choix ?

L'association Valentin-Haüy a pour but de lutter avec et pour les déficients visuels et d'informer le public de la réalité de ce handicap et de sa prévention. Pour atteindre ses objectifs, l'association s'appuie sur des équipes de bénévoles handicapés visuels et voyants qui s'épaulent et se complètent.

Pour vous, je vais ouvrir mon journal de bord sur les quatre journées qui demeurent les plus fortes dans mon souvenir.

5 mars 2006

Les bénévoles (un voyant, un aveugle et un malvoyant) assurent une fois par semaine une permanence d'accueil dans les locaux de l'association. Nous assurons aussi bien la vente de matériel, les demandes de renseignements ou tout autre travail administratif.

C'est ma journée de permanence à l'association. Entrent deux jeunes femmes, elles se ressemblent, deux sœurs sans doute. Nous nous installons dans un coin tranquille, c'est la première fois qu'elles viennent. Commence alors un récit à deux voix, avec des hésitations, des silences, des regards de l'une à l'autre. Je me concentre sur les intonations pour entendre tout ce qu'il y a derrière les mots.

C'est de leur mère qu'il s'agit. Jeune retraitée dynamique, pleine de projets, grand-mère attentive et tout à fait dans le coup, elle vient d'apprendre qu'elle est atteinte de DMLA. C'est un tel choc pour elle d'abord, pour son mari ensuite, et pour ses deux filles, que plus personne ne sait comment s'y prendre. Aucun d'entre eux ne peut l'atteindre : cette femme est murée dans une souffrance dont elle ne veut pas parler, et qu'elle n'accepte pas de partager.

Un silence s'installe, qu'aucune de nous trois ne rompt : toutes les trois, nous entendons la résonance des mots qui viennent d'être prononcés. Je peux à présent leur parler du processus de deuil, car c'est bien d'un deuil qu'il s'agit devant un tel diagnostic.

- D'abord la sidération : « Je sais bien que cela existe, mais cela ne peut pas m'arriver à moi. »
- Puis vient le déni : « Il y a sûrement une erreur, je vais consulter un autre médecin. »
- Puis la colère, la révolte : « Pourquoi moi ? »
- Ensuite, l'acceptation – qui n'a rien à voir avec la résignation, mais permet un regard différent et annonce une reconstruction possible.

Et c'est là que notre association peut apporter aide, soutien, conseils, écoute et matériel adapté.

Je propose, si leur mère en est d'accord, un rendez-vous avec notre présidente, qui est médecin psychiatre et très malvoyante.

8 et 9 octobre 2008

La direction d'une chaîne hôtelière désire obtenir le label « Tourisme et Handicap », en commençant par le handicap visuel. Dans un premier temps, l'opération se déroulera dans leurs hôtels du Sud-Ouest. Il faut donc organiser une formation spécifique pour leur personnel.

L'association Valentin-Haüy La Rochelle contactée accepte de participer à la conception et à l'animation partielle de cette formation. Pour cela, elle fera appel à plusieurs de ses bénévoles aveugles et malvoyants. Je fais partie de ce groupe.

Le 8 octobre 2008, je me retrouve avec sept autres membres aveugles et malvoyants derrière une longue table : en face de nous, une trentaine de salariés, tous volontaires – moyenne d'âge 30/40 ans –, venant des principaux hôtels du Sud-Ouest de la chaîne. Ils seront chargés à leur retour de diffuser leur nouveau savoir-faire auprès de leurs collègues.

Ils se présentent rapidement : prénom, fonction, ville de l'hôtel concerné.

J'apprécie que tous les métiers d'un établissement hôtelier soient représentés : cela va du cuisinier au directeur, en passant par la femme de chambre, le concierge ou la responsable d'étage.

À notre tour de nous présenter : prénom, métier, quel handicap et depuis combien de temps.

La formation comportera quatre thèmes :

- l'accueil ;
- le respect, les besoins et l'attention spécifique à la personne handicapée ;
- l'accompagnement du bureau de la réception à la chambre ;
- les difficultés au restaurant.

Le déjeuner fait partie de la formation : il est pris les yeux bandés pour tous les participants. Ils doivent reconnaître et manger le plus proprement possible ce qu'ils ont dans leurs assiettes. D'abord les entrées, le plat principal, fromages et dessert. Je m'aperçois qu'ils ne sont pas tous égaux devant cet exercice difficile faisant appel au goût, à l'odorat et à la mémoire. Ils peuvent retirer leur bandeau à l'heure du café, un café bien mérité.

Je constate deux choses quand ils l'enlèvent :

– Pour beaucoup, c'est un exercice qu'ils sont contents d'avoir fini, et qu'ils ont plus ou moins bien réussi. Ils ont besoin de se défouler, ils parlent, ils comparent et ils s'en amusent.

– D'autres sont silencieux, très étonnés d'avoir été touchés aussi profondément par cette incursion dans le monde des handicapés visuels qu'ils espèrent bien ne jamais connaître.

Maintenant, les ateliers peuvent commencer. Là encore, je suis frappée par la qualité de leur écoute et par la pertinence de leurs questions. Nous les laissons à 17 h, chaque groupe doit encore créer et mettre en scène une situation basée sur un des quatre thèmes, en y incorporant le maximum de ce qu'ils ont retenu de cette journée de travail.

Le lendemain, chaque groupe présente son scénario. Il en ressort qu'ils ont parfaitement compris les difficultés pour un aveugle ou malvoyant qui se présente seul dans un hôtel, et le retour des informations travaillées la veille est impressionnant. Applaudissements et félicitations à tous.

Nous sommes conscients les uns et les autres que ce travail commun va bien au-delà du label « Tourisme et Handicap ».

15 septembre 2009

La Journée nationale des associations permet à ces dernières de collecter une part importante de leurs ressources annuelles. Pour changer le regard du public sur cette quête, l'association Valentin-Haüy La Rochelle décide d'organiser sa collecte avec le concours des élèves de 4e d'un collège local.

Pour préparer la journée, et trouver nos jeunes volontaires, nous allons à leur rencontre dans leur établissement. Nous leur expliquons ce qu'est notre association, et la réalité du handicap visuel. Ensuite, place à leurs questions. Elles fusent de tous les côtés : « Comment reconnaître la nuit du jour ? », « Comment lire l'heure ? », « Comment s'habiller seul ou reconnaître son chemin ? », etc.

Puis, j'entends une petite voix : « Est-ce que vous regrettez d'être aveugle ? »

Je prends cette dernière question de plein fouet, je me la suis tellement souvent posée.

J'essaie de dire simplement la vérité : « Au début, j'ai beaucoup regretté : c'est tellement difficile d'apprendre à vivre dans le brouillard ou dans le noir, et je ne m'habitue pas à être une "handicapée". Un jour, j'en ai parlé avec un ami canadien. Il m'a répondu : "Chez nous, on parle de 'capable autrement'." Ces mots simples et vrais m'ont fait brutalement comprendre que les regrets ne servaient à rien, et qu'ils m'empêchaient de trouver mon chemin.

Alors, j'ai décidé d'être simplement au jour le jour une bonne "capable autrement". »

Il y a eu seize volontaires pour la quête et celle-ci, grâce à leur présence, a été meilleure que l'année précédente.

27 juin 2011

Au comité AVH, j'ai appris petit à petit au contact des uns et des autres les qualités indispensables à cet engagement : l'écoute, l'empathie, le respect de l'autre avec son handicap, le sens de l'humour, la patience, l'ordre. Je me suis également familiarisée avec le matériel spécifique que nous vendons (montres et réveils pour non-voyants, etc.) et dont il fallait faire la démonstration. Par la suite, je suis devenue responsable des bénévoles d'accueil : un rôle de coordination, de communication, d'animation et d'écoute. Cela m'a passionnée et je m'y suis vraiment investie.

Mais j'arrive au seuil du quatrième âge, et il est temps de faire la place aux bénévoles plus jeunes. C'est pourquoi je viens de donner ma démission.

Je referme mon journal de bord et je tombe sur une phrase d'Alexandre Jollien, philosophe écrivain et handicapé, phrase qui m'a souvent accompagnée dans les périodes de doute : « Quand on parle de normes, on s'écarte de la richesse de l'homme. »

Anne M.

*Association Valentin-Haüy
Tél. : 05 46 41 26 03
Courriel : comite.larochelle@avh.asso.fr
Site : www.avh.asso.fr

Je te raconte le coucher de soleil ?

INNOVER

À chaque génération, son bénévolat ? À chaque époque en tout cas le soin de tirer des leçons des dérives des précédentes. En matière d'engagement, celles-ci ont inspiré des nouvelles façons de faire. Il en va ainsi des luttes de pouvoir, qui, comme dans de nombreuses organisations, ont fait beaucoup de mal au monde associatif. Signe de sa créativité, voilà que celui-ci invente une parade qui a fait ses preuves : des mandats courts pour ses dirigeants et la culture de l'écrit permettant de rester fidèle à un objet et non à une personne. Innovation également face à ce que l'on a coutume d'appeler la crise du bénévolat. Des missions mal définies ou trop chronophages laissent la place à la mise en pratique de nouveaux modes de recrutement mieux cadrés et plus efficaces mais aussi à des sessions de formation visant à « professionnaliser » les bénévoles. Et puis à chaque époque ses outils. La prépondérance des médias dans notre vie quotidienne fait émerger de nouveaux acteurs aux discours porteurs, qui le temps d'un hiver bousculent un secteur entier de l'action associative : le mal-logement. Tout comme le Web rend possible une autre forme d'engagement, à la carte, à distance, via les réseaux sociaux... ou simplement en proposant ses compétences sans quitter son bureau. Web, médias, réseaux, autant de mots-clés créateurs de partenariats d'un nouveau genre et d'une visibilité inespérée rendant possible le déploiement de l'action.

Le Web, nouveau terrain de chasse des associations

Le temps est une denrée rare. Les associations, en permanence à la recherche de bénévoles, le savent bien. Pour dénicher des perles rares, elles chassent aujourd'hui sur le Web. Et y trouvent des bénévoles prêts à s'engager de façon traditionnelle, mais aussi des jeunes, des actifs, attirés par le Web-bénévolat. Elles y trouvent aussi d'autres moyens de communiquer…

Olivia, 28 ans, consultante en communication, célibataire et fêtarde accomplie, n'a pas franchement le profil type de la bénévole traditionnelle. Pourtant, « j'ai quand même encore envie de refaire le monde, confie-t-elle avec un large sourire. Mais je ne me voyais pas distribuer des cafés aux Restos du cœur ou faire des maraudes pour le Samu social ». Quand une copine lui dit qu'elle peut donner un coup de pouce à une association venant en aide aux sans-abri sans bouger de chez elle, sa curiosité est piquée. La jeune contrôleuse de gestion se charge de toute la « compta », une mission qui lui demande une disponibilité de quelques heures seulement par mois. Pour que cette bonne volonté et ce besoin se rencontrent, il a bien évidemment fallu un intermédiaire. C'est le site de France Bénévolat qui a fait le lien. Via le Web, cette association diffuse des milliers d'annonces de missions. Elle permet ainsi à tous ceux qui ont envie de donner un peu de leur temps de trouver chaussure à leur pied. Pour Olivia, c'est décidé : elle va aller sur ce site pour proposer ses services. « Je peux rédiger des communiqués de presse ou faire des traductions franco-anglaises. Je préfère ça plutôt que d'essayer de trouver un prince charmant sur un site de rencontres », lâche la jeune femme dans un éclat de rire.

Mastodonte du secteur, France Bénévolat n'est pas le seul à tenter de réguler ce marché du bénévolat, et à coordonner l'offre et la demande. En 2008, via le site Internet Génération-en-action.com, Generali a lui aussi voulu jeter un pont entre « ceux qui ont des idées et ceux qui ont des bras », raconte Carole Babin-Chevaye, responsable de la communication numérique. Pour l'assureur, partenaire de France Bénévolat, c'était une façon d'être en accord avec sa mission : « agir de manière responsable et inciter chacun à l'être pour construire ensemble un monde plus solidaire et plus sûr » et avec sa signature « Génération responsable ». « Beaucoup d'associations nous confient ne pas être expertes en ressources humaines pour le recrutement de nouveaux bénévoles », ajoute-t-elle. Si le Web ne suscite pas de vocations, il peut participer à la sensibilisation de nouveaux publics. « Internet permet aussi d'envisager l'engagement bénévole sous de nouvelles formes, plus légères : pour une heure, une demi-journée ; de chez soi ou sur le terrain, analyse Carole Babin-Chevaye. À cela s'ajoute le phénomène de viralité de l'information sur la Toile. Vous vous engagez, vous le faites savoir à vos amis ou vous les invitez à venir avec vous… Cela produit un véritable effet boule de neige. »

Des Web-bénévoles pour faire le buzz

La Croix-Rouge française a été l'une des premières associations à pousser cette logique au maximum. Confrontée à une double problématique, celle d'entretenir son réseau de bénévoles et celle d'exister sur le Web, elle a eu l'idée en 2008 de créer son propre réseau de « Web-bénévoles ». « Nous sommes partis du constat que certaines personnes passaient beaucoup de temps sur le Web et qu'il fallait leur proposer des actions adaptées à leur outil favori », explique Jean-François Riffaud, directeur de la communication et du développement des ressources à la Croix-Rouge. En trois ans, un réseau de 10 000 Web-bénévoles s'est constitué. Blogueurs, membres actifs de réseaux sociaux…, ils forment une petite communauté très active qui diffuse les campagnes de la Croix-Rouge, crée des débats sur le site, relaie des témoignages… En un mot, crée le buzz. Le tout totalement bénévolement ; l'association s'interdisant même de leur demander directement de faire un don. Avec la montée en puissance de Facebook, la communauté d'amis de la Croix-Rouge a explosé. Avec 50 000 « fans », « nous avons une force de frappe formidable. Ils s'approprient notre message, le démultiplient. Bien sûr, parfois, ils le déforment, mais c'est intéressant pour nous », affirme Jean-François Riffaud. Quantitativement, le Web n'a donc pas d'égal. Il permet de ratisser large. Un atout de taille lorsqu'il s'agit de collecter des fonds. Là encore, la Croix-Rouge a fait preuve d'initiative. Elle a décliné son concept de « quêteur d'un jour » sur le Web. Au lieu de réunir une bande de copains pour arrêter les voitures aux feux rouges au profit de la Croix-Rouge, « nous avons donné à ceux qui le souhaitaient tous les outils pour créer leur propre page de collecte sur Internet, relate Jean-François Riffaud. En plus, cela fait parfois naître des vocations de bénévoles ».

Le Web, lui, fait naître des idées. Ainsi, pour susciter des envies d'engagement, les jeux en ligne peuvent également devenir des terrains de chasse. Le service social de la ville de Duham, en Caroline du Nord aux États-Unis, a par exemple conçu le jeu Spent. Survivre un mois avec 1 000 dollars, c'est le défi virtuel que doivent relever les joueurs en ligne. À la fin de l'épreuve, ils peuvent retenter leur chance, faire un don ou devenir volontaire auprès du service social de la ville…

Vous avez
un site ?

Des cryptobénévoles qui gardent leur liberté

Outil de masse, le Net présente aussi des atouts qualitatifs. La jeune génération trouve des terrains d'engagement adaptés à son profil. Olivia, par exemple, reconnaît bien volontiers qu'elle n'aurait jamais osé frapper à la porte d'une association pour proposer ses services. « J'ai l'impression que si je mets le doigt dedans, je vais être totalement aspirée. Et ça, je n'en ai pas envie. » Les Petits Frères des Pauvres (voir page 123) l'ont très bien compris. « Le bénévolat, ça fait encore peur à certains. Nous voulions donc créer une forme d'engagement assez libre, explique Daniel Bruneau, directeur de la recherche de fonds et de la communication des Petits Frères des Pauvres. Pour rompre l'isolement des personnes âgées, l'association expérimente donc depuis dix-huit mois Voisin-Âge. Ce site Internet permet aux "voisineurs" et aux "voisinés" de se rencontrer. C'est une sorte de réseau social construit autour d'une personne âgée. Son emploi du temps est partagé entre tous les "cryptobénévoles". » Daniel Bruneau détaille : « L'un s'engage à sortir son chien le lundi, l'autre à la conduire chez le médecin le mardi, le troisième à lui passer un simple coup de fil le mercredi et, sur le site, chacun glisse le petit pictogramme correspondant à son action dans la grille hebdomadaire. » Bien sûr, la personne âgée reste maîtresse de son emploi du temps et les voisineurs s'engagent aussi en fonction de leurs capacités. Et l'expérience est concluante : les Petits Frères des Pauvres vont étendre Voisin-Âge sur l'ensemble du territoire. Car, contrairement à ce que certains esprits chagrins pourraient craindre, la qualité du lien entre voisineurs et voisinés est la même, parce que « nous n'en restons pas au stade virtuel, précise Daniel Bruneau. Nous avons même une famille qui a emmené une personne âgée en vacances avec elle ».

Internet permet donc de mettre de l'huile dans les rouages et de faciliter le lien social. Ce qui n'empêche pas un contrôle minimal. Même quand il s'agit de recruter des « cryptobénévoles », les Petits Frères des Pauvres font passer un entretien en bonne et due forme, avec signature d'une charte et photocopie des papiers d'identité. À la Croix-Rouge, il ne suffit pas non plus d'être un blogueur reconnu sur la Toile pour avoir le statut de Web-bénévole. Là aussi, il faut montrer patte blanche – autrement dit, signer une charte – pour être autorisé à relayer le message d'une vieille dame respectable comme la Croix-Rouge.

« Internet est un facilitateur, un révélateur, un outil hors norme pour capter toutes les formes d'engagement. »

Il reste que les possibilités offertes par le Web sont telles que France Bénévolat a diffusé un appel à projets sur le bénévolat en ligne, histoire de repérer ce qui se fait de mieux en la matière. « Discover e-volunteering » a pour but de faire émerger une charte de bonnes pratiques de l'e-bénévolat. Parce que faire du bénévolat à distance ne doit pas être synonyme de prendre ses distances avec les valeurs du monde associatif.

Cécile Coumau

Mal-logement : quand les nouveaux militants boostent les anciens

Quand de curieux don Quichotte s'installent avec leurs tentes sur le canal Saint-Martin à Paris ou lorsque des familles entières et des étudiants squattent des immeubles symboliques pour protester contre le mal-logement, c'est tout un pan du militantisme traditionnel œuvrant pour le logement des plus pauvres qui prend un sacré coup de vieux. Et qui se voit obligé de changer de méthode et de discours. Analyse.

Ce devait être juste un coup de gueule, ce fut un coup de tonnerre. Lorsque le 16 décembre 2006, une centaine de petites tentes rouges essaiment le long du canal Saint-Martin à Paris, le milieu associatif de défense des mal-logés s'étonne, s'interroge et s'agace. D'où venaient ces trublions soudainement ultra-médiatisés et pourtant jamais répertoriés dans le milieu militant ? Qu'avaient-ils donc de neuf à revendiquer sur le drame des sans-logis ? À dire vrai, Augustin Legrand, le charismatique leader de ces nouveaux « don Quichotte », ne connaît pas grand-chose en matière de mal-logement. Ce sera sa faiblesse, mais aussi sa force. Lui, le comédien issu d'un milieu aisé, qui voulait deux mois plus tôt faire l'expérience de la rue en habitant avec des SDF le temps d'un tournage, a surtout pour lui de savoir parler aux médias, mettre en scène sa parole, et de n'avoir ni autocensure ni inhibition.

Et ça marche : les tentes rouges alignées le long du canal sont d'une télégénie redoutable, ceux qui les habitent parlent avec sincérité, et le « décor » scintillant et très parisien du canal attire vite les télés du monde entier. Le temps pour les forces de l'ordre de peser les risques d'une évacuation pouvant finir par des noyades, et les « campeurs » ont eu tout loisir de s'installer médiatiquement. Et de s'imposer dans la cartographie militante du mal-logement.

Jusqu'alors, trois types d'associations s'activaient autour du logement : les gestionnaires de logements et centres d'hébergement bénéficiant de fonds publics, les associations indépendantes œuvrant sans subventions, et les mobilisateurs de la société civile comme le DAL (Droit au logement) ou Jeudi noir. Or toutes ces associations « se parlaient peu, il y avait un cloisonnement très fort dans ce milieu associatif, entre ceux qui s'occupaient des accueils de jour, des hébergements, du mal-logement ou des coups médiatiques », reconnaît Christophe Robert, directeur des études à la Fondation Abbé-Pierre, et porte-parole du milieu. « À l'évidence, poursuit-il, les Don Quichotte ont réveillé l'ensemble du secteur militant sommé de se positionner puis, peu à peu, de se fédérer. »

Mais dans un premier temps – et cela ne s'est pas su dans le grand public –, les Don Quichotte ont agacé, parce qu'ils interpellaient les pouvoirs publics mais également les associations sur leur mode d'action. « Les SDF du canal ont raconté leur parcours de vie, expliqué leurs galères face à l'administration, mais aussi face aux associations leur venant en aide. Or ces "usagers" de la rue ont été très critiques à leur égard », se souvient Christophe Louis, président du Collectif des morts de la rue, et directeur de l'association des Enfants du canal créée dans la foulée de l'hiver 2006. Et il ajoute : « Ils ont fait comprendre à ces associations qu'on leur volait leur parole, qu'on les assistait sans qu'ils puissent donner leur avis. Ce fut un électrochoc énorme dans le milieu associatif. Cette pensée libre et construite brisait le pouvoir unilatéral des associations, lesquelles ont fait leur mea-culpa. Cela a considérablement modifié le rapport entre le travailleur social et la personne démunie, qui a désormais son mot à dire. » Et ce ne fut pas sans réticence.

D'autant que la méthode a surpris. Depuis l'abbé Pierre ou Coluche, il n'y avait plus eu de « grandes gueules » poussant un énorme cri de colère contre la pauvreté. « Indignes » avant l'heure, Augustin Legrand et ses compagnons de fortune avaient décidé, pour reprendre une expression fétiche de l'abbé Pierre, d'être « des empêcheurs de dormir », ou comment alerter une opinion publique et maintenir sa conscience éveillée. Pourtant, prendre une tente et s'installer dans la rue n'avait rien de novateur, l'abbé Pierre l'avait bien fait, à l'hiver 54. Sauf que l'idée n'avait jamais été reprise depuis. « Cela a surpris tout le monde, au point que plusieurs associations ont d'abord refusé de cautionner les acteurs du canal, admet Christophe Louis. Notre monde associatif était devenu frileux. Il n'osait plus se rebeller. Il est vrai que lorsqu'on vit de subventions publiques et que des notables ou des élus sont au conseil d'administration, cela bride la parole, même inconsciemment. L'irruption de nouveaux acteurs désintéressés car non subventionnés a modifié la teneur du discours. »

Une nouvelle génération laïque et solidaire

Les Don Quichotte n'étaient pas les premiers à jeter ainsi un pavé dans la mare. L'incontestable pionnier du genre, après l'abbé Pierre, c'est évidemment le DAL (Droit au logement), association créée dès 1990 par Jean-Baptiste Eyraud. Depuis vingt ans, le DAL multiplie « les actions humanitaires radicales », comme dit celui qui en est toujours le leader, tels les squats, campements et réquisitions de bâtiments vides dans lesquels l'association place des familles expulsées, des immigrés, des sans-papiers, tous en très grande précarité. Le DAL réclame ensuite le relogement des familles, et fait un gros travail de suivi juridique pour faire appliquer la fameuse loi DALO (Droit au logement opposable), loi justement proposée le 31 décembre 2006 par Jacques Chirac en pleine occupation du canal Saint-Martin, et votée peu avant la présidentielle de 2007. Le lendemain des vœux présidentiels, le DAL occupa un grand immeuble vide rue de la Banque, face à la Bourse, en plein centre de Paris. Le symbole était fort, et l'alliance subjective des collectifs coup de poing fit mouche, car le DAL avait réquisitionné cet immeuble avec deux associations sœurs : Macaq et Jeudi noir.

« Notre monde associatif était devenu frileux. Il n'osait plus se rebeller. »

Jeudi noir est de ceux qu'Étienne Pinte définit comme « mouvements spontanéistes ». Le député UMP des Yvelines, auteur d'un rapport apprécié sur le mal-logement, a vu arriver ces collectifs avec intérêt et bienveillance. « Ils secouent le cocotier des associations traditionnelles qui avaient besoin d'un renouvellement de leurs discours. Face à la gravité de la situation, il faut pouvoir entendre cette revendication contestataire et protestataire. » Jeudi noir est d'ailleurs une structure révélatrice des carences des associations traditionnelles : créé au départ, en octobre 2006 (deux mois avant l'opération des Don Quichotte), par et pour les étudiants en manque de logements décents, le collectif est constitué uniquement de jeunes concernés par le problème, et qui pratiquent le squat dans un souci d'efficacité médiatique bien compris par l'un de ses fondateurs, Manuel Domergue : « Les squats de la rue de la Banque ou de la place des Vosges, les visites d'appartements à louer finissant par une pendaison de crémaillère festive, sont du militantisme spectaculaire qui attire d'autant plus les médias qu'il change aussi l'image de la lutte contre le mal-logement. Le problème d'Emmaüs ou d'ATD-Quart Monde, c'est qu'ils ont cinquante ans et parlent des autres sur un ton larmoyant. Nous, nous parlons de nous, en tâchant d'être percutants. Pour les médias, c'est très efficace et moins misérabiliste… Nos inspirateurs, c'est Act Up. »

Ces collectifs aux thématiques précises sont tous, à la différence des autres associations, des mouvements sans hiérarchie, peu structurés mais très suivis par les réseaux sociaux. Ils n'ont quasiment aucun salarié, leurs activistes ne sont pas des « professionnels du caritatif » et sont issus de milieux plutôt favorisés. « On a vu arriver une nouvelle génération de militants n'ayant notamment aucun lien avec les Églises, qui formaient le grand réservoir de bénévoles pour les mal-logés, note Étienne Pinte. Ce sont l'abbé Pierre et le père Joseph qui ont créé Emmaüs et ATD Quart-Monde. Ces jeunes-là sont laïcs et d'une génération plus généreuse et solidaire que les enfants de 68. »

Changer les pratiques de l'intérieur

Cette génération nouvelle, qui a grandi avec l'image et avec Internet, est surtout là pour « faire des coups », faire réagir, mais aussi proposer des pistes de réflexion… ce qui a mené plus d'un de ses jeunes leaders vers un engagement politique clairement marqué à gauche, socialiste puis écologiste. Aujourd'hui, Augustin Legrand est conseiller régional élu sur la liste Europe Écologie dans la région Île-de-France, tout comme Julien Bayou (de Jeudi noir), et Karima Dehli, de Jeudi noir également, est députée européenne, écologiste elle aussi. Quant à Manuel Domergue, il fait partie de la garde rapprochée d'Éva Joly. « Ces engagements politiques ne sont pas très appréciés par les mal-logés, qui y voient une collusion avec des politiques corrompus et ne s'intéressant pas à eux, souligne Christophe Louis. Jeudi noir me rappelle SOS Racisme, qui fut un pourvoyeur de responsables socialistes. Aujourd'hui, ce sont les Verts qui les récupèrent. » Là encore, la différence est notable avec les associations traditionnelles, dont les responsables n'ont pas de mandats politiques.

Et pourtant, ces collectifs nés pour marquer leur différence ont quand même réformé le secteur – celui du mal-logement et de la précarité – de l'intérieur, non sans surprise. Parmi les effets collatéraux des colères des Don Quichotte, il en est un qui n'est pas négligeable : c'est la création, au sein d'Emmaüs France, de la branche « Emmaüs Défi ». « Nous avons rencontré les Don Quichotte sur le canal, se souvient Charles-Édouard Vincent, un polytechnicien entré dans l'humanitaire et créateur d'Emmaüs Défi. Et l'on a alors compris que réinsérer des gens en grande difficulté passait par le travail, mais à condition qu'il leur soit proposé de manière très progressive. Les communautés d'Emmaüs n'offrent pas cette hyperflexibilité-là. Elles s'adressent à des personnes en bonne voie de réinsertion. Sur le canal, il y avait de grands exclus, pour qui le marché du travail était encore inenvisageable. On a donc créé le principe du contrat de travail à l'heure, adapté aux possibilités de personnes qui dorment toutes dans la rue ou en foyer d'hébergement. Pour une fois, c'est l'employeur qui s'adapte au salarié en difficulté. Aujourd'hui, nous avons quatre-vingts salariés de ce type, dans nos centres de recyclage et nos magasins. »

Autre conséquence directe : la naissance d'un collectif. Pour le premier anniversaire du canal, les Don Quichotte décident en décembre 2007 de camper sur les quais de Seine au niveau de Notre-Dame. L'occupation sera brève : une heure plus tard, CRS et gendarmes mobiles évacuaient avec brutalité les deux cents tentes installées à toute vitesse. Choquées, les associations traditionnelles viennent soutenir les Don Quichotte, et en janvier 2008 naît le « Collectif des associations unies pour une nouvelle politique publique du logement des personnes sans abri et mal logées ». En un mois, trente et une associations (elles sont trente-trois aujourd'hui, dont Jeudi noir qui a intégré le collectif début 2011) s'étaient mises d'accord sur une plate-forme de revendications-dénonciations, avec cent mesures prioritaires dont elles publient régulièrement le baromètre des mises en application. Désormais, le « Collectif des associations unies » est l'interlocuteur incontournable des pouvoirs publics. Le DAL, qui déplore le principe du centre d'hébergement et l'absence du recours à la réquisition, n'y adhère pas et reconnaît se sentir « un peu seul face à ce qu'il faut bien appeler un "marché social" d'associations cherchant surtout à défendre leur propre subsistance ». Et si Christophe Louis reconnaît que « notre regroupement oblige à des compromis qui font parfois l'affaire de l'État », le collectif est quand même « un contre-pouvoir très fort », selon Christophe Robert. Pour ce dernier, c'est évident : « L'irruption spontanée de nouveaux acteurs sachant "faire des coups" est importante pour nous qui agissons sur le terrain avec des forces de proposition et dont l'agitation des médias n'est pas le métier. Il y a désormais une complémentarité essentielle et bénéfique entre chacun de nous. »

Les Don Quichotte ont d'ailleurs formé de bons élèves à l'interpellation médiatique : le 5 novembre 2010, ce sont les trente et une associations du collectif qui décident de planter chacune leur tente sur le pont des Arts à Paris, pour dénoncer la dégradation de la situation des mal-logés. Immédiatement reçues à Matignon, elles obtiennent des rallonges budgétaires. Le 30 juin 2011, elles refusent de rencontrer le secrétaire d'État au Logement, restant dans la cour du ministère. Comme si être indigné avec impertinence était aussi une nouvelle forme de dignité.

Ariane Dollfus

Petits Frères des Pauvres : recruter des bénévoles autrement

Recruter des bénévoles, mailler les énergies entre ces derniers et les salariés, prendre les décisions de façon collégiale, autant de défis pour les associations. Chez les Petits Frères des Pauvres, l'organisation mise en place donne la part belle à la créativité et au travail d'équipe, privilégiant la souplesse et une implication variée.

La vocation n'a pas changé, le mode de recrutement de bénévoles pour l'incarner a, lui, beaucoup évolué. Chez les Petits Frères des Pauvres, association créée en 1946, il s'agit toujours d'aider les personnes âgées les plus démunies. Une action qui donne la primauté à l'écoute, à la présence physique plus qu'aux dons, même si ceux-ci sont indispensables. Leur slogan « Une rose avant du pain » résume assez bien l'esprit de cette structure. Celle-ci se compose de fraternités, lesquelles correspondent à des zones géographiques dans tout l'Hexagone. Chacune d'entre elles est indépendante et recrute selon ses besoins. Une force que l'association a couplée avec l'implication constante des bénévoles dans les décisions. Cette particularité est en fait la base de son fonctionnement et se vérifie à tous les échelons. Dans chaque fraternité, l'organigramme est le même : un directeur gère les salariés aux côtés d'un président qui, lui, a pour mission de s'occuper des bénévoles de cette même zone. Même chose à la comptabilité, à la trésorerie ou au conseil d'administration ; partout et dans tous les secteurs, le tandem salariés-bénévoles est une réalité. Ces derniers sont, par ailleurs, sollicités à propos de toutes les grandes orientations.

Les chiffres le prouvent avec force : les bénévoles sont bien l'élément-clé du réseau des Petits Frères des Pauvres. 510 salariés travaillent main dans la main avec 8 500 bénévoles sur toute la France. Pour les recruter, la commission chargée de cette tâche dans chaque fraternité est composée de quatre d'entre eux et d'un salarié de l'association. Les candidats sont reçus en entretien particulier par les membres de cette commission. Il s'agit de leur expliquer la marche de l'association, et de déterminer également si le candidat n'est pas trop fragile, ou si ses disponibilités sont réelles. Après acceptation, un autre bénévole, appelé « référent », prend le relais pour guider le nouveau venu. Le travail de terrain peut alors commencer. Au bout de deux mois, une formation adaptée aux dispositions du bénévole est organisée. Obligatoire (y compris pour les salariés), elle se déroule le soir ou le samedi et donne la part belle à des professionnels extérieurs tels que des gériatres ou des psychologues.

Le rôle du salarié est d'accompagner le bénévole, de le soutenir, de le coordonner, de le tempérer. Mais tout le monde est au même niveau, et rien ne se fait sans l'aval des bénévoles. Ainsi, un nouvel outil destiné au recrutement et mis au point par Samia Achour, responsable de la communication de la fraternité Paris-Ouest regroupant le VIIIe, le IXe, le XVIe, le XVIIe et le XVIIIe arrondissement (voir interview), a naturellement été soumis au verdict des bénévoles avant d'être lancé.

Quels sont les modes de recrutement de bénévoles ?

Samia Achour : Il y a les grandes campagnes nationales relayées dans la presse (gratuite ou non), sur les radios, les panneaux d'affichage des mairies, ou des paroisses. En septembre, la campagne est orientée vers les personnes qui peuvent s'impliquer dans une action à long terme. À Noël, la campagne vise une action ponctuelle, le repas par exemple. Même chose en mai, où nous recrutons des bénévoles pour les vacances afin d'accompagner des personnes âgées dans l'un des vingt-quatre châteaux légués à l'association. Et puis il y a les campagnes locales : chaque chargé de communication s'occupe de sa fraternité.

Comment se présentent ces campagnes locales ?

S.A. : Pour le recrutement, nous utilisons tous le Forum des associations, un rendez-vous annuel organisé par les mairies qui invitent à cette occasion toutes les associations de l'arrondissement (je parle ici de Paris). Chacune installe son stand dans les locaux ou dans la Maison des associations. Nous avons aussi l'affichage chez les commerçants et dans les paroisses. Pour les autres actions, elles diffèrent selon les besoins de chaque fraternité.

Cette indépendance de chaque fraternité est une particularité en soi ?

S.A. : Oui, cela permet de rebondir rapidement. Notre communication nationale est indispensable, mais c'est une grosse machine. Sur le plan local, nous avons une souplesse qui permet de créer des liens de proximité plus forts, que ce soit avec les paroisses, les commerçants, les mairies. C'est pourquoi cette communication est également nécessaire.

Le Net est-il devenu indispensable ?

S.A. : Absolument, car le Net nous permet en premier lieu d'étendre la notoriété de l'association via un média qui touche les jeunes. Notre site a été réactualisé, il y a un an. Il est facile d'accès et fluide. Nous sommes également sur Facebook et sur Twitter. L'autre atout du Net touche, bien sûr, au recrutement ; la présence de nos annonces sur des sites comme France Bénévolat ou Espace Bénévolat est également très positive. Je le vérifie chaque jour, et plus encore depuis la mise en place de nos fiches actions mises au point par notre fraternité.

Comment avez-vous conçu cet outil ?

S.A. : J'ai été bénévole avant de devenir salariée de l'association, c'est peut-être ce qui m'a fait réfléchir aux annonces de recrutement. Venant du marketing, j'ai pensé qu'elles devaient être plus ciblées, que le candidat devait s'identifier à une action avant même de nous contacter. Nous en avons présenté une vingtaine : certaines collectives, d'autres individuelles (cuisiner dans une pension de famille, visiter une personne à l'hôpital, etc.). Via le Net où elles sont présentées, chacun postule déjà pour celle qui lui convient. Toutes les personnes candidates sont contactées ensuite par téléphone. Toutes ne confirment pas leur désir d'engagement : il y a celles qui ne rappellent pas, celles qui choisissent une autre association, celles que l'on ne sent pas vraiment disponibles. Les personnes retenues – au nombre de 4 ou 5, en général – passent ensuite en commission. Ce recrutement sur le Net génère d'excellents résultats. Nous sommes en train de mesurer les actions de communication qui nous amènent le plus de bénévoles et je constate qu'il y a de plus en plus de demandes grâce aux annonces postées sur les sites. Quand ce projet sera validé sur toute la France, les fiches actions seront sur notre site officiel. En attendant, une plaquette papier est sortie en septembre.

« Le candidat bénévole peut tout de suite vérifier ce qu'il peut et veut faire, compte tenu de son temps et de ses compétences. »

Ils sont où les cartons d'eau minérale ?

Quelle est la valeur ajoutée de cet outil de recrutement ?

S.A. : Le candidat bénévole peut tout de suite vérifier ce qu'il peut et veut faire, compte tenu de son temps et de ses compétences. Cuisiner dans une pension de famille, visiter à domicile une personne âgée ou préparer les séjours de vacances sont des actions très différentes. C'est pourquoi les fiches sont précises. Le bénévole connaît d'emblée son champ d'intervention. Il prend aussi connaissance de propositions d'actions auxquelles il n'aurait pas pensé.

Avez-vous lancé autre chose sur le plan local ?

S.A. : En 2009, il y a eu l'action Voisin-Âge sur le XVIe arrondissement de Paris. Nous avons d'abord expérimenté cette idée de mettre en relation les personnes âgées et leurs voisins. Il n'y a pas d'engagement au niveau du temps disponible ou de la durée. Chacun fait comme il peut, comme il veut. On peut rendre visite, téléphoner, faire des courses, accompagner chez le médecin, promener le chien… Il suffit de prendre contact avec nous et l'équipe met en place le processus. Il y a un an, Voisin-Âge a été validé pour être étendu sur l'Île-de-France, puis sur toute la France.

Qu'est-ce qui vous aide le plus, les dons ou les bénévoles ?

S.A. : Nous avons autant besoin de temps, ce que nous apportent les bénévoles, que d'argent. Mais si nous n'avions pas les bénévoles, nous serions obligés d'avoir plus de salariés. C'est pourquoi l'implication des bénévoles est si importante. Ils prennent en main des responsabilités et c'est véritablement un travail d'équipe. Cette politique émane de la direction et elle s'accentue, preuve qu'elle fonctionne bien. »

Anita Coppet

Site : www.petitsfreres.asso.fr

Les secrets de jouvence du Genepi

Genepi... Drôle de nom pour cette association étudiante qui propose à des détenus des activités scolaires et culturelles, ou les aide à préparer leur réinsertion. Grâce à une gouvernance originale et à une forte culture de l'écrit, cette structure a su faire de l'incessant renouvellement des bénévoles une force, celle de l'éternelle jeunesse.

Deux piles de dossiers jouent les équilibristes sur la table. Un peu plus loin, des chaussures et des sacs de voyage débordant de linge côtoient les livres de Michel Foucault, les volumes du Code civil et du Code pénal, et d'imposants polycopiés sur l'administration et la législation de l'univers carcéral. Nous ne sommes pas dans une chambre universitaire, mais dans l'un des bureaux du Groupement étudiant national d'enseignement aux personnes incarcérées. « Bienvenue au Genepi », salue d'une voix grave Sacha Bésuchet, 25 ans, étudiant en philosophie à Lyon et vice-président en charge de la communication. « Une association d'étudiants – condition *sine qua non* pour en devenir membre – gérée par des étudiants », poursuit-il fièrement.

Le jour de notre venue, il règne une atmosphère étrange au siège de l'association, situé au cinquième étage d'un immeuble du ministère de la Justice, dans le XIIe arrondissement de Paris. Et pour cause... Nous sommes dans une période charnière, juste après l'assemblée générale de l'association et juste avant le séminaire d'intégration de la nouvelle équipe dirigeante. Entre euphorie et tristesse, c'est l'heure du bilan et surtout de la passation du flambeau. « Les mandats des représentants nationaux sont d'un an, renouvelables une fois, explique Sacha qui achève son second mandat. Donc dans trois semaines, je ne fais plus partie des lieux. C'est la règle. Et il faut savoir qu'en général, chaque année, près de 70 % des bénévoles de l'association s'en vont ! » Un constat qui ferait pâlir d'angoisse n'importe quel responsable d'association. D'un geste vif, Sacha balaie de son front ses longues mèches de cheveux. Il ne ressent aucune inquiétude. Cela fait trente-cinq ans que le Genepi existe. Il compte aujourd'hui près de 1 300 bénévoles, est implanté dans toutes les universités et grandes écoles de France, et il intervient dans quatre-vingt-huit établissements pénitentiaires. Ainsi, le Genepi résiste chaque année au moissonnage des bénévoles, grâce à l'action des groupes locaux qui sèment chez de nouveaux étudiants l'envie de s'investir. Alors sereinement, comme les douze autres représentants nationaux, Sacha, qui s'est engagé au siège pendant deux ans, prépare son départ. Il s'apprête à accueillir Marie Classine, étudiante en géographie et responsable du groupe local à Angers. Lors de la dernière AG, elle a été élue pour succéder à Sacha.

Un engagement qui ne se prend pas à la légère

« Il est assez extraordinaire qu'un mouvement bénévole étudiant dure depuis si longtemps, et qu'il sache surmonter chaque année le renouvellement, souligne Lionel Stoléru, économiste, ancien secrétaire d'État et initiateur de l'association. Je trouve très remarquable le chemin parcouru par ce mouvement qui s'investit dans un domaine difficile qui suscite le plus souvent dans notre société du rejet ou de l'indifférence. Je rappelle que tout a commencé en 1976 avec une petite poignée d'étudiants de Polytechnique et de HEC qui sont intervenus dans la prison de la Santé à Paris. » Quelle a été la recette miracle du Genepi pour perdurer ? Serait-ce grâce à de grandes campagnes de promotion dans les facultés ou à d'importantes actions de fidélisation ? La question fait sourire Maxime Gouache, le président « encore pour trois semaines » de l'association et étudiant à l'Institut d'études politiques de Bordeaux. « Notre réflexion ne porte jamais sur les méthodes à mettre en place pour fidéliser nos adhérents, rectifie-t-il. D'une part, parce que nous nous adressons à un public étudiant, très volatil, auquel nous demandons un engagement en temps assez important. D'autre part, parce que nous préférons mettre l'accent sur la nature de notre mission, autrement dit attirer l'attention sur le sort des personnes incarcérées, sur le rôle de la justice et les difficultés de réinsertion que connaissent tous les anciens détenus. » Pour ce faire, le Genepi organise des réunions d'information auprès des étudiants en septembre et octobre, au moment de la rentrée universitaire. « Honnêtement, ces réunions d'information ressemblent plus à des séances de découragement qu'à du racolage, précise Sacha qui a été responsable du groupe local à Lyon. On rappelle à celles et ceux qui souhaitent s'engager qu'il s'agit d'un investissement important et que cela nécessite une profonde réflexion personnelle. » Être « génépiste » n'est donc pas une sinécure. Marie confirme et se souvient de ses débuts. Le mouvement réclame au minimum une intervention en prison par semaine d'une demi-journée, la participation à une réunion mensuelle de groupe, à quatre week-ends de formation obligatoire, et à deux projets de sensibilisation du public… Pas toujours facile à caser entre les cours magistraux, les travaux de recherche et les partiels.

> « Les mandats des représentants nationaux sont d'un an, renouvelables une fois. C'est la règle. »

« Autre détail important : l'accès aux prisons est restreint, nous avons en moyenne deux fois plus de candidatures que de laissez-passer », rappelle Sacha. Passer les portes d'une prison n'est, en effet, pas anodin. Les contraintes réglementaires sont lourdes. Pas question d'apporter des cigarettes, du chocolat ou du courrier… Et puis le bénévole doit bien avoir conscience de son rôle et de sa place. Il n'est ni un maître d'école ni un complice. « Les interventions en détention doivent toujours rester cohérentes avec le principe d'indifférence au passé pénal, énonce Marie qui se prépare à son nouveau poste national au sein de l'association. Cela implique que nous intervenons indistinctement auprès de tous les détenus, que nous n'avons pas accès à leur dossier, et que nous ne cherchons pas à susciter de confidences de leur part sur les actes qui les ont conduits à l'incarcération. » Et si le bénévole est volontaire pour faire du soutien scolaire individuel ou collectif, le principe vaut aussi pour la personne détenue. « Dans la devise républicaine "Liberté, Égalité, Fraternité", le Genepi représente un témoignage concret de ce mot abstrait qu'est la fraternité », aime à répéter Lionel Stoléru, qui suit de loin les évolutions de l'association et veille chaque année à ce que la « Journée Prison-Justice », la première formation nationale des bénévoles de l'année, ait lieu à l'École polytechnique de Palaiseau, son lieu d'études.

Secrets de longévité

Car le maître mot du Genepi, c'est « formation ». Dispensée à tous les étages de l'association, du local au national, elle permet de constituer des groupes responsables et crédibles. Journées régionales de formation pédagogique, week-ends de formation des responsables de groupe, assises nationales… Antoine Jeanne, secrétaire général en charge de la formation, sait mieux que quiconque son importance. « C'est une préoccupation constante pour le Genepi. Ce n'est pas parce que nous sommes jeunes et bénévoles que nos actions ne doivent pas être de qualité. » Les formations sont donc nombreuses… et obligatoires. Elles permettent les échanges entre les bénévoles et des professionnels : magistrats, administration pénitentiaire, sociologues, médecins…

La vitalité de l'association tient aussi à l'autonomie de ses soixante-quatre groupes locaux. Chacun est libre dans le choix de ses actions et des projets pédagogiques auprès des détenus. Mais grâce à une communication interne très active, coordonnée par les délégations régionales et le bureau national, ils se nourrissent les uns les autres de leurs initiatives. Les meilleures se propagent, comme par exemple les émissions de radio qui permettent le maintien des liens familiaux. En trois ans, quatorze émissions permanentes ont été créées par des génépistes. Leur nombre pourrait encore croître, car le bureau national a mis en place une formation spécifique pour les bénévoles qui souhaitent animer des émissions, comme « Ici l'ombre », une fois par semaine sur Radio Pluriel à Lyon. « Les familles ou les amis des personnes incarcérées peuvent laisser des messages qui seront lus à l'antenne et, bien sûr, entendus à l'intérieur de la prison, témoigne Sacha. Ces émissions donnent aussi la possibilité de sensibiliser la population à l'univers carcéral. » Ces actions d'information et de sensibilisation du public, l'« ISP » en langage génépiste, constituent une des missions de l'association. « Dans notre charte, il est inscrit noir sur blanc que nous devons sensibiliser et préparer la société à accueillir les personnes sortant de prison », souligne Marie. Interventions dans les lycées ou les collèges, créations d'événements… Pour la cinquième année à Toulouse, le groupe local a organisé le festival Taul'Art qui se déroule pendant une semaine fin avril. Une cellule en taille réelle est installée sur une place de la Ville rose ; on peut assister à un match d'improvisation, à une projection de films suivie de débats, à une exposition de dessins…

Une gouvernance fondée sur l'écrit

Cette autonomie des groupes locaux alimente donc le dynamisme, mais pour éviter tout dérapage contraire aux engagements du Genepi, il y a non seulement les formations mais aussi une culture très forte de l'écrit. « Les préparations des séances auprès des détenus sont toujours très structurées, d'après Antoine Jeanne. Il y a des délais à respecter pour les comptes rendus de réunions, les bilans des activités, et puis chaque écrit permet d'enrichir les outils que nous mettons à disposition des bénévoles. » Comme « Le guide et la mallette du génépiste », un polycopié d'une quarantaine de pages où le bénévole puise des fiches pratiques pour organiser un événement, un projet pédagogique... Il y a, bien sûr, la charte de l'association, mais aussi le « guide des adages », qui compile les prises de position de l'association au fil du temps et des lois pénitentiaires. « Cette culture de l'écrit évite toute confiscation possible de l'association par des individus », estime Marie. Ainsi, malgré l'incessant renouvellement à tous les échelons, l'association ne repose pas sur d'éventuels salariés inamovibles mais sur ses écrits. « Il n'y a que trois salariés au Genepi. Ils sont là en soutien pour le travail administratif, mais en aucun cas ils ne s'occupent de la gouvernance de l'association », affirme encore Marie. Conséquence : la tâche est lourde pour les bénévoles au bureau national. En contrepartie de cet engagement annuel complet, les responsables nationaux et régionaux peuvent bénéficier du statut de volontaire du service civique et percevoir une indemnité de 446,65 euros net par mois, versée directement par l'État. Mais est-ce que l'incessant changement de visages ne perturbe pas les partenaires et les interlocuteurs institutionnels ? « Non, l'administration pénitentiaire et le ministère de la Justice sont habitués à ce mode de fonctionnement, et puis ce qui compte, ce ne sont pas les personnalités, c'est la régularité des actions et la continuité de notre engagement », répond Sacha. Et d'ajouter que la passation des responsabilités entre les équipes se fait sans difficulté. La preuve : ce séminaire de quinze jours pour les représentants nationaux dans un gîte en Sologne qui débute dans moins d'une semaine... « En quelque sorte, le Genepi ne vieillit jamais ! s'exclame Marie, prête à assumer ses nouvelles fonctions. Trente-cinq ans d'existence mais toujours avec le même élan des débuts... En outre, ce fort *turn over* permet de diffuser notre philosophie auprès d'une population toujours plus large et sans cesse renouvelée. » Une philosophie et une expérience qui marquent à jamais ceux qui se sont engagés au sein du Genepi. Une association des anciens génépistes a, du reste, vu le jour l'année dernière...

Mathias Germain

Site : www.genepi.fr

Carnet de bord d'Anne-Laure Thomas, fondatrice de Autour des Williams

« Il est bien des choses qui ne paraissent impossibles que tant qu'on ne les a pas tentées. » Voilà une citation d'André Gide qui convient parfaitement à l'association Autour des Williams, que j'ai créée avec un papa extraordinaire il y a huit ans. Voici en quelques dates-clés l'histoire de ce combat et les moments de vie si importants, si incroyables, si difficiles, si beaux qui l'ont émaillé…

22 novembre 2002

Je donne naissance à un petit garçon qui s'appelle Marius… Quand Marius est né, j'ai vécu trois semaines de bonheur avec mon bébé ! Et puis tout s'est assombri suite à une visite en cardiologie, un transfert direct aux soins intensifs d'un hôpital parisien, l'annonce du syndrome de Williams, une maladie génétique rare qui touche en France 3 000 personnes… Marius serait différent des autres enfants, il allait connaître des retards psychomoteurs, intellectuels, des difficultés dans les apprentissages. Marius aurait du mal à s'alimenter, à dormir. D'ores et déjà, il souffrait d'une grave cardiopathie qu'il allait falloir opérer.

Définir ma réaction est impossible, définir ma douleur également, il n'y a pas de mots assez forts pour exprimer mon ressenti. Au départ, je crois que c'est l'instinct de survie qui m'a poussée à continuer à me lever le matin, à essayer de manger, à sourire pour mon fils et pour mon ami, à aller de l'avant... De suite, j'ai décidé qu'il y avait un temps pour tout, un temps pour craquer en dehors de la présence de notre bébé et un temps pour jouer notre rôle de parents avec notre enfant. Pour lui, je devais être en forme, souriante, joyeuse.

Mon entourage a été merveilleux, je dirais même exceptionnel ! Tout le monde m'a aidée à reprendre peu à peu goût à la vie. Famille, amis, copains, collègues, voisins..., tous ont eu des mots gentils, délicats, attentionnés, et ont partagé ma tristesse, mes larmes, mon impuissance. Face à ce sentiment, il était impossible que je reste là sans agir, sans bouger, sans essayer de faire connaître le syndrome de Marius, d'améliorer les connaissances sur le sujet et surtout d'aider tous les parents qui allaient vivre la même aventure que la mienne.

21 août 2003

J'ai commencé à collecter des données sur le syndrome. Je trouvais des informations sur Internet à droite à gauche, un vrai travail de titan pour tout regrouper. Sur le Web, j'ai fait la connaissance de François, le papa de Thomas, qui avait le même syndrome que Marius. Ensemble, nous avions cette même envie de partager toutes nos connaissances. Et pour y parvenir, rien de plus porteur que la création d'une association et d'un site Internet, qui nous permettraient également de lancer un réseau solidaire.

Et puis, j'avais aussi envie d'aider la recherche médicale. Mais je ne suis ni chercheuse ni médecin. Mon mode d'action, c'est d'organiser des manifestations pour sensibiliser le plus grand nombre au syndrome de Williams, mais aussi à la différence, et en profiter pour récolter des fonds, lancer des projets de recherche... Autant d'actions innovantes qui ont donné naissance à d'autres et à beaucoup de bonheur partagé.

Juin-octobre 2006

En juin 2006, l'association avait trois ans. Une de mes amies entend parler du lancement d'un prix pour des femmes engagées sur une cause par le journal *Femme actuelle* et l'association France Bénévolat. Elle monte un magnifique dossier où mes envies, mes motivations et mon engagement sont à l'honneur. Tout s'enchaîne très vite. Je me souviens encore de cette fin août où j'ai reçu un appel me disant que j'avais été sélectionnée parmi les dix finalistes. Quelle émotion ! J'en avais les larmes aux yeux… Et pour plusieurs raisons. Le lancement de l'association, le temps consacré à accueillir les nouvelles familles, les nuits blanches passées à travailler pour faire avancer les projets, je l'avais fait avant tout pour moi, parce que j'en avais envie, parce que j'aimais ce réseau, j'aimais le fait de transformer le syndrome de mon fils en une histoire belle et solidaire. Et puis ce prix, c'était une chance incroyable, celle d'avoir un article dans le journal *Femme actuelle*. Nous allions pouvoir parler du syndrome : en évoquant quelques symptômes, certains parents, encore dans une errance de diagnostic, allaient peut-être pouvoir mettre un mot sur des maux.

Après la parution de l'article (juste avant la finale), plusieurs collègues m'ont reconnue de suite ; je n'avais jamais parlé au travail de la maladie de mon fils. Inutile de dire qu'en quelques jours, ma direction était au fait de mon histoire et de mon engagement pour Autour des Williams. J'ai reçu un soutien énorme, et aussi eu droit à quelques questions, quelques mots maladroits, mais prononcés du fond du cœur…

S'est ensuivi un élan de soutien incroyable, tout le monde votait pour moi (l'un des prix était basé sur le vote du public) ; les familles étaient si heureuses de voir qu'on parlait du syndrome. Le jour J, j'ai reçu le prix coup de cœur du public, c'était à mes yeux le plus beau qu'on pouvait m'accorder. Je me revois en train de monter sur la scène, tremblante, heureuse, émue, promettre qu'avec les 5 000 euros gagnés, j'organiserai un colloque international pour accroître les connaissances sur le syndrome de Williams !

4, 5 et 6 avril 2008

En avril 2008, j'ai organisé, à Disneyland Paris, trois jours de rencontres sur le syndrome de Williams, trois journées que, quatre ans après, personne n'a oubliées ! En effet, j'avais réalisé mon rêve : mélanger des moments de débat et d'amusement, le tout pour près de 500 personnes et dans un lieu féerique.

Pour ces rencontres internationales, j'étais guidée par l'envie de répondre au mieux aux attentes et aux questions des familles, de leur permettre de trouver des réponses, de se rassembler, de leur donner des pistes à explorer pour leurs enfants encore petits ou devenus grands... Il y avait aussi des médecins qui travaillent tous les jours pour nos enfants et les chercheurs qui dans l'ombre œuvrent pour mieux comprendre les différents symptômes, décrypter la génétique, aider les futurs enfants qui naîtront avec ce syndrome.

Ces rencontres, c'était pour moi le résultat des premières années de travail de l'association. Cinq années pendant lesquelles, accompagnée de personnes extraordinaires, j'ai fait grandir doucement mais sûrement Autour des Williams, j'ai essayé de sensibiliser à ce syndrome via des interviews, des campagnes de sensibilisation dans le métro et dans les bus en province, la vente de calendriers au sein desquels des personnes porteuses du syndrome ont posé avec des personnalités. Mais Autour des Williams, c'est aussi le goût du risque et de la solidarité pour récolter des fonds, comme en témoignent ma participation à Fort Boyard, les journées sportives de moto-cross, de golf...

Surtout, je suis fière de tout le travail effectué en direction des familles grâce notamment à l'édition d'une plaquette pour celles qui viennent d'apprendre un diagnostic, la réalisation d'un guide de suivi médical, la mise en place d'une ligne téléphonique pour répondre aux questions, la rencontre régulière des familles entre elles et la création d'un forum de discussion.

Je savais aussi que, grâce à ces rencontres et au travail de notre association, de celui des chercheurs et des médecins qui nous accompagnent, le diagnostic est chaque jour mieux posé, augmentant le nombre de familles touchées par le syndrome.

20 mars 2010

À l'initiative de Pierre Hermé, le 20 mars est le jour du

macaron. Ce jour-là, une dégustation de trois macarons est offerte dans les boutiques parisiennes du prestigieux pâtissier. Mais aussi, les boutiques de Pierre Hermé et celles du réseau Relais Desserts en France reversent une partie de leurs ventes au profit d'une association bénéficiaire. En 2010, je me vois offrir l'opportunité de mettre Autour des Williams à l'honneur. En un temps record, nous devons recruter 150 bénévoles partout en France, motivés pour parler du syndrome, montrer à toutes les équipes Pierre Hermé et Relais Desserts notre reconnaissance et encourager les donateurs à être le plus généreux possible en faveur de la recherche sur le syndrome. Tous les moyens sont bons pour recruter : amis, familles, Internet, collègues, même Facebook fonctionne à merveille !

Le jour J, je suis impressionnée, tout est en ordre de marche. Je me rends dans les boutiques parisiennes, les unes après les autres… Les bénévoles sont là, réunis, aux couleurs de l'association. Je suis émue. Encore un challenge réussi :

la plus grande opération de sensibilisation au syndrome de Williams avec plus de 10 000 euros de dons au profit de la recherche ; je vois encore une fois à l'œuvre la générosité, la solidarité, des qualités si belles, si fédératrices. J'ai des étoiles dans les yeux, car aussi bien Marius, mon fils que j'aime tant – et qui m'aide chaque jour à travers ses sourires, ses joies, ses progrès –, mais aussi tous les membres de l'association, les bénévoles, tous ont changé ma vision du monde... Merci de m'avoir autant aidée à grandir !

Aujourd'hui

Presque huit ans après la création d'Autour des Williams, je suis fière de voir que j'ai réussi à créer ce que je souhaitais : une association de familles, d'amis, mais aussi de médecins et de chercheurs, tous liés par le même amour pour nos enfants. Liés aussi par le même état d'esprit positif : l'idée qu'ensemble, nous serons toujours plus forts pour aller plus loin !

Anne-Laure Thomas

Site : www.autourdeswilliams.org

IMAGINER

Une option « bénévolat » au bac pour inciter les jeunes à s'engager. L'action bénévole prise en compte dans le calcul du PIB. Des associations évoluant vers des collectifs informels qui font la part belle aux happenings et à la visibilité médiatique. Autant de pistes, certaines déjà bien expérimentées, permettant d'imaginer le bénévolat de demain, mais aussi son poids dans la société. Un poids économique d'abord peu pris en compte aujourd'hui, mais qui pourrait à terme être considéré comme une composante de la richesse nationale. Un vecteur pédagogique ensuite. Quoi de plus formateur pour des citoyens en herbe que de mener à bien une œuvre collective à travers une implication bénévole ? Un facteur plaisir enfin. Les jeunes montrant la voie d'un engagement festif, fondé sur le principe du donnant-donnant et sur l'aspect immédiat et concret de l'action, un engagement où l'individualité est davantage prise en compte.

Individu *versus* société, c'est au final le fil rouge de ce livre qui au travers du prisme du bénévolat explore comment les notions de collectif, d'utilité, de partage font toujours autant sens aujourd'hui. Pour s'en convaincre, l'ouvrage se clôt sur une série de prises de positions et de propositions pour favoriser le désir d'engagement que les acteurs ou observateurs interrogés ont énoncées tout au long de ces pages. Des morceaux choisis et autant de pierres apportées au débat sur le type de société que nous voulons construire...

Comment valoriser l'apport économique des bénévoles ?

Combien ça coûte quand c'est gratuit ? Car si le bénévole ne reçoit pas d'argent en contrepartie de son action, il pèse néanmoins sur la vie économique de notre pays. Retour sur un capital humain qui pourrait bien un jour intégrer notre PIB.

« Ce qui compte ne peut pas toujours être compté et ce qui peut être compté ne compte pas forcément », disait Albert Einstein. En 2000, et comme en écho au grand physicien, Patrick Viveret, conseiller référendaire à la Cour des comptes, mettait en lumière un étrange paradoxe dans son rapport « Reconsidérer la richesse » : une pollution marine permet d'augmenter le PIB (parce qu'elle génère des activités économiques exprimées en monnaie), mais le travail des bénévoles qui ont nettoyé les plages n'entre pas dans le calcul de la richesse nationale !

« Richesse » est du reste un terme qui ne figure pas dans le vocabulaire des associations à but non lucratif ; on y préfère la notion de service et c'est sans doute la raison pour laquelle les outils d'évaluation de leur poids économique font pour l'instant défaut. Et pourtant !

Quatre chiffres confirment, s'il en était besoin, que le monde associatif est bien inscrit dans l'économie nationale : le budget annuel cumulé du secteur est de l'ordre de 60 milliards d'euros, en augmentation moyenne de 2,5 % par an (l'augmentation du PIB n'étant que de 1,5 %) ; sans oublier les 18 millions de bénévoles associatifs, dont l'apport est évalué à 935 000 emplois équivalent temps plein (ETP).

Rendre visible ce capital humain, valoriser son apport productif est indispensable pour rassurer et convaincre les partenaires, mécènes et autres financeurs publics. Cela constitue un indicateur précieux du volume réel et de l'étendue de l'activité de la structure et, pour les 84 % d'associations qui ne disposent d'aucun salarié, c'est le moyen de démontrer leur apport effectif en regard des fonds demandés.

Inscrire l'apport des bénévoles dans le bilan comptable, c'est aussi un moyen de valorisation du bénévolat tout en donnant une image fidèle de l'action de l'association. Cette démarche n'est pas obligatoire et ne va pas sans poser de questions : comment fixer le coût d'un engagement par nature gratuit ? Comment « valoriser » l'apport d'un médecin exerçant bénévolement par rapport à un bénévole effectuant des tâches administratives simples ? Bref, comment déterminer les critères d'un salaire fictif ? Trois pistes s'offrent aux associations pour y répondre :

- Partir du principe que les emplois bénévoles sont tous « rémunérés » au salaire horaire du SMIC : c'est une valorisation *a minima* qui rend bien peu compte des compétences et apports spécifiques de chacun.

- Prendre comme référence la rémunération qui serait versée à un salarié de la structure pour effectuer la même tâche.

- Ou bien prendre en compte la rémunération prévue par la convention collective correspondant aux compétences et aux services rendus par le bénévole…

Cette question ne se pose pas qu'en France. À Bruxelles aussi, le temps, c'est de l'argent ! La Commission européenne étudie un mécanisme qui permettrait de valoriser précisément l'apport du bénévolat dans les demandes de subventions et réponses aux appels d'offres, et de le prendre en compte pour l'attribution d'un financement. Déjà, en 2008, le Parlement européen avait adopté une résolution portant sur la contribution du bénévolat à la cohésion économique et sociale.

Démonstration par l'exemple en France : les associations sportives, culturelles et de santé captent 58 % des 18 millions de bénévoles. Inutile de s'appesantir sur le rôle joué par ces trois secteurs d'activité dans la cohésion sociale d'un pays comme le nôtre.

Si, demain, il n'y avait plus de bénévoles, ces associations ne pourraient plus faire face à leurs engagements ; il faudrait faire appel au marché ou avoir recours à l'impôt pour financer et faire vivre ces activités. Et rien n'indique que le secteur privé et l'État seraient partants.

En résumé, si, demain, les bénévoles n'existaient plus... il faudrait les réinventer !

Yves Gillis

Exit les associations, vive les collectifs… Les jeunes réinventent le bénévolat

Après la charité des congrégations religieuses et les ONG sur le modèle des *French Doctors*, voici venus les collectifs type Génération précaire. Pour les jeunes, ces structures qui relèvent plus de la bande d'amis que de l'association offrent une nouvelle façon de s'engager. Et mettent le pied à l'étrier des bénévoles de demain.

Les manifestations entre les places de la Bastille et de la Nation, avec banderoles des syndicats en tête de cortège, ça commence à faire poussiéreux. Si les jeunes générations ont un peu de mal avec cette forme d'engagement, ce n'est pas qu'elles soient insensibles aux misères de notre société. Il faut plutôt y voir une envie de s'investir différemment dans des causes humanitaires.

L'explosion de collectifs comme ceux de Génération précaire ou de Jeudi noir le prouve. Leur credo, c'est avant tout de « revendiquer en s'amusant ». Pourtant, les causes qu'ils défendent ne portent pas vraiment à sourire : l'exploitation des stagiaires, la crise du logement, la précarité et les prix trop élevés dans la grande distribution pour le collectif L'Appel et la Pioche… Concrètement, pour attirer l'attention sur les loyers excessifs, Jeudi noir déclenche des fêtes éclairs avec déguisements, musique et cotillons lors de la visite d'un appartement. De son côté, Génération précaire, le premier-né de cette galaxie, demande à ses bénévoles d'inonder les entreprises de lettres de candidature de stagiaires totalement imaginaires. Dans leur sillon, d'autres collectifs comme Sauvons les riches, qui veut instaurer un revenu maximal autorisé en France et en Europe, La France qui se lève tôt, un groupe né en réaction à la campagne de Nicolas Sarkozy lors de la dernière élection présidentielle… Tous ont le même ADN : « Des actions à vocation médiatique, des revendications à caractère politique, le tout emballé de manière festive », résume Manuel Domergue, militant de Jeudi noir. Pas étonnant qu'à l'origine de ces mouvements, on retrouve souvent les mêmes personnes, comme Julien Bayou, créateur de Génération précaire, de Jeudi noir, actif dans Sauvons les riches, et administrateur de Macaq, une association d'animation culturelle de quartier plus classique mais qui a appris aux membres de Jeudi noir à prendre possession des squats.

Militer en faisant la fête

Ce créneau, que l'on pourrait appeler le militantisme heureux, permet d'attirer des bénévoles *new look*. Plus jeunes, plus portés sur les nouvelles technologies et surtout « rétifs aux modes d'action traditionnels, explique Manuel Domergue. Les animateurs du collectif sont, certes, des militants dans l'âme, concède-t-il, mais tous les autres qui participent à nos actions sont plus spontanés, plus frais, moins formatés » Et, avantage non négligeable, « cela attire les journalistes », reconnaît Manuel Domergue. Ces bénévoles d'un nouveau genre sont aussi séduits par la structure – un tantinet déstructurée – de ces collectifs. « C'est beaucoup moins lourd qu'une association classique, témoigne Léa, 25 ans, qui a milité un temps à Génération précaire. Dans ma famille, on est tombé dans le bénévolat depuis tout petit. Mes parents ont toujours donné de leur temps à des associations. Mais moi, ce que je constatais, c'était le temps interminable qu'ils passaient dans des assemblées générales à débattre des grands principes. Quand j'ai eu l'âge de me mobiliser, je voulais que cela aille vite. C'est pourquoi je me suis tournée vers Génération précaire. En trois ou quatre jours, on montait une opération. En plus, je savais que la condition des stagiaires, cela n'allait pas tarder à me concerner ! » L'autre ressort de ces collectifs, c'est sans doute l'aspect communautaire. On ne donne pas de son temps pour des enfants qui meurent de faim à des milliers de kilomètres mais pour ses voisins, ses amis, voire pour soi-même. Enfin, pour les jeunes, ces structures horizontales, sans chef déclaré, peuvent se révéler séduisantes. Dans ces collectifs, n'importe qui peut être un jour à la une des médias, et la guéguerre salariés/bénévoles n'existe pas, puisque tout le monde est bénévole.

« Le militantisme heureux permet d'attirer des bénévoles *new look*. »

Tous autant qu'ils sont, ces groupes étaient promis à un avenir éphémère. Sans doute parce que, comme on l'a vu, ils ne sont pas structurés, ne déposent pas de statuts et reposent avant tout sur une bande de copains. Pourtant, six ans après sa création, Génération précaire est toujours là, et il suffit de regarder le défilé de politiques à leurs côtés pour se persuader qu'ils font aujourd'hui partie des interlocuteurs qui comptent. Le retentissement médiatique de leurs actions ne laisse évidemment personne insensible. Lors de la dernière élection présidentielle, les candidats de gauche ont bien pris soin de se montrer aux côtés de Jeudi noir, de Macaq et du DAL (Droit au logement), fondateurs du « ministère de la Crise du logement ». Même un émissaire des Nations unies chargé des droits de l'homme est venu les consulter pour dresser un bilan sur le mal-logement. Des tentatives de récupération restées vaines pour le moment. Peut-être grâce au « petit noyau de bénévoles qui nous restent fidèles », indique Manuel Domergue. Un noyau dont le nombre est difficile à évaluer. Groupes informels obligent, aucune statistique ne permet de les comptabiliser.

Flashmob, le génie de la mobilisation éclair

Titillées par le succès de ces collectifs microscopiques, certaines grandes associations commencent à s'inspirer de leur mode d'action. C'est le cas de la Chaîne de l'espoir, créée en 1988 par le célèbre professeur Alain Deloche. Dans la tradition des *French Doctors*, elle intervient dans plus de trente pays pour offrir un accès aux soins et à l'éducation aux enfants les plus démunis. Pour promouvoir son opération « 24 jours pour 24 enfants », autrement dit sauver la vie de 24 enfants entre le 1er et le 24 décembre, l'association était à la recherche d'une idée originale. « Nous souhaitions toucher des gens qui nous échappent habituellement, raconte Christine Couton, responsable de la communication de la Chaîne de l'espoir. Nous avons 250 000 donateurs, mais ils ont en moyenne 50 ans ou plus. » Le choix se portera sur le « flashmob », comprenez la mobilisation éclair. Le concept en est simple. Wikipédia le résume ainsi : « Réunir un maximum de personnes dans un lieu public pour y accomplir au même moment des actions convenues d'avance et se disperser rapidement. » Ces performances relèvent plus du *street art* que de la manifestation. La Chaîne de l'espoir le sait bien ; c'est pourquoi l'association fait appel aux danseurs étoiles de l'Opéra de Paris pour sa flashmob. Et c'est la Bande à bordel, encore un collectif sans autre existence qu'une page sur Facebook, qui va les aider à monter l'opération. Marie-Agnès Gillot, danseuse étoile, a tout de suite été partante.

Sa mission était de monter un ballet avec cinquante danseurs du corps de ballet de l'Opéra de Paris et deux cent cinquante amateurs. Plusieurs répétitions ont évidemment été nécessaires pour mettre en place ce spectacle qui, au bout du compte, ne durera que deux minutes trente et ne sera présenté qu'une fois dans le cadre prestigieux du musée du Louvre. « Nous n'avons eu aucun mal à recruter les participants, explique Roxane Planas de la Bande à bordel. Il est vrai que la Chaîne de l'espoir a une bonne notoriété, mais la motivation des gens reposait avant tout sur le fait de participer à une performance artistique et de rencontrer une danseuse étoile. »

Incités à faire un don, les apprentis danseurs ont tous fait un geste. « Et à la suite de la flashmob, beaucoup sont venus au siège de l'association pour nous demander comment faire pour être familles d'accueil des enfants opérés », témoigne Christine Couton. Comme quoi, encore une fois, l'action bénévole, voire militante, peut naître du simple plaisir de participer à une action collective.

Les ancêtres : Greenpeace et Act Up

Cependant, Génération précaire et Jeudi noir n'ont pas tout inventé. Greenpeace ou encore Act Up, pour ne citer qu'eux, sont connus pour avoir recours à des actions coups de poing, visant à attirer les projecteurs. Comme pour les flashmobs, ces « happenings » nécessitent beaucoup de préparation. Act Up a, par exemple, soigneusement organisé la pose d'un préservatif géant sur l'obélisque de la Concorde. L'intrusion, en décembre 2009, des militants de Greenpeace dans l'enceinte de l'Assemblée nationale, en plein débat sur la position de la France au sommet de Copenhague, a également fait l'objet d'une organisation millimétrée. Autre point commun avec les collectifs d'aujourd'hui : le « bénévolat obligatoire » (soit pas de salariés), qui fut longtemps un principe de base pour Act Up. Créée en 1989, l'association de lutte contre le sida n'a embauché son premier salarié que cinq ans plus tard. En revanche, avec Greenpeace ou Act Up, pas question de faire la fête ou de se déguiser, « mais c'est vrai qu'il y a des points communs avec les actions des collectifs d'aujourd'hui. Ils obligent les politiques, les médias et donc le grand public à regarder un phénomène qui restait dans l'ombre », analyse Roxane Planas, de la Bande à bordel. « En revanche, ajoute-t-elle, avec les flashmobs, nous ne culpabilisons pas les gens. » Une forme de sensibilisation à une cause qui se fait tout en douceur.

Ces collectifs sauvages ne seraient-ils pas en train d'écrire une nouvelle page de l'histoire du bénévolat ? La question peut se poser. Il est loin le temps où les bénévoles répondaient à l'appel d'organisations catholiques et « faisaient la charité ». De là sont nés les professionnels du genre : les ONG modernes. Ultra-professionnalisées, elles recrutent comme de vraies entreprises et trient sur le volet même leurs bénévoles. L'explosion dans les années 2000 des Génération précaire et autres collectifs marque un tournant. Le bénévole est davantage un militant qui a envie de refaire le monde. L'organisation et les modes d'action sont apparemment plus désordonnés et plus spontanés. C'est ainsi que dans certains secteurs, celui du logement par exemple, coexistent les structures traditionnelles comme la Fondation Abbé-Pierre et le collectif Jeudi noir (voir article 116).

Pour des jeunes comme Léa, découragée par le mode décisionnel des grandes associations et « rebutée par l'action syndicale où il faut absolument être dans la ligne du parti », les collectifs type Génération précaire offrent un moyen de faire ses premières armes de bénévole. La jeune femme reconnaît d'ailleurs bien volontiers que sa première expérience de militante lui a « ouvert les yeux » : « J'ai réalisé que nos actions avaient vraiment réussi à mettre sur la place publique le problème des stagiaires et que l'action bénévole portait vraiment ses fruits. » Quelques années plus tard, Léa a choisi de s'investir dans Amnesty International. L'écriture de lettres pour des opposants emprisonnés n'est évidemment pas couronnée de succès tous les jours, mais « je pense que c'est parce que j'ai connu des actions concrètes que j'accepte de défendre des causes plus lointaines ». Une bonne synthèse de la démarche militante du XXIe siècle…

Cécile Coumau

Alexandre Jardin : « Être bénévole, ça rend le bonheur possible. »

Alexandre Jardin est un écrivain et un cinéaste à succès. Mais c'est aussi un homme engagé, qui a notamment cofondé l'association Lire et faire lire, qui rassemble 12 000 bénévoles de plus de 50 ans qui partagent leur plaisir de la lecture avec 250 000 enfants. Pour Autrement, il livre son point de vue sur le bénévolat, un point de vue tout en énergie et en joie de vivre…

« Être bénévole, ça rend le bonheur possible. Il est difficile d'être heureux tout seul. C'est mieux avec les autres. Car le bénévolat, c'est un moyen de rencontre étonnant. Les gens que j'ai pu rencontrer dans ce cadre-là sont d'une qualité humaine frappante, des gens particuliers, passionnants, avec beaucoup de caractère, jamais des personnes lambda. La raison à cela ? Ils sortent de chez eux, ne restent pas devant leur poste de télévision. Si vous voulez draguer des gens intéressants, engagez-vous !

Ce type d'engagement est, de plus, un enjeu pour la société, car il fait passer d'un état de citoyenneté passive (et donc dépressive) à un état actif. Ça permet à l'être humain de se rebrancher sur sa joie. Et ce processus influe sur la société. Le vrai problème que pose la démocratie représentative, c'est que nous déléguons le règlement de nos problèmes à d'autres, ce qui n'est jamais bon psychiquement ; c'est même toxique de penser que d'autres que nous-mêmes peuvent régler nos problèmes. Pour qu'une démocratie respire, on ne peut pas se contenter d'un bulletin de vote. Et quand c'est le cas, cela mène à une forme d'aigreur. Car on est toujours déçu. L'engagement personnel permet de sortir d'une posture frustrante.

Et cette posture n'a rien à voir avec la gratuité du geste. Car le bénévole se paye autrement. Ainsi, les bénévoles de Lire et faire lire ont un retour affectif considérable. C'est important pour des personnes âgées de vivre avec des enfants.

De plus, je me méfie de cette notion de gratuité, qui me fait penser à la vertu. Or, ce qui est vertueux ne dure pas. Ce qui dure, c'est un échange réel, équitable. C'est à ce prix que les programmes associatifs peuvent se pérenniser. Ce qui est sain pour les individus et le corps social.

Tout ceci confère au bénévolat une importance considérable et en fait donc un thème de campagne pour 2012. On a eu besoin de construire un État-providence, une sécurité sociale. Et on s'est installé dans l'idée que, quand on paye des impôts, tout ce qui ressemble à de la solidarité doit être délégué à des agents publics. C'est plus facile parfois, mais on ne peut pas systématiser cette délégation. L'administration n'est pas follement créative. Certains problèmes humains doivent se traiter entre êtres humains, pas par des lois ni par de grands programmes publics qui, de toute façon, coûteraient trop cher à la collectivité. Il y a parfois une dimension humaine et citoyenne dont on ne peut pas faire l'économie. C'est un équilibre à trouver. Je crois à l'articulation des pouvoirs publics et des associations. Certaines actions sont de fait mieux menées par le tissu associatif et d'autres par les services publics. Un exemple : l'Éducation nationale réussit *grosso modo* avec 85 % des enfants, c'est déjà pas mal. Pour s'occuper des 15 % qui restent, ce n'est pas à sa portée ; si c'était le cas, le problème serait réglé. Autre exemple : celui des pompiers. Le cœur du métier de pompier est assuré par des professionnels, auxquels s'associent des volontaires. S'ils étaient tous professionnels, la collectivité n'aurait pas assez d'argent pour les payer. Et puis, ça n'aurait pas de sens. Car il y a un sens civique à cet engagement, aussi parce que l'ambiance y est sympa, conviviale, familiale. Le modèle « pompier » peut être décliné dans de nombreux domaines. Ainsi, la culture du Planning familial est liée à une histoire.

Si cela devenait une machine publique, cette culture militante disparaîtrait. Il y a une logique militante dans l'engagement associatif qui change quand il se transforme en service public, même si cette évolution est parfois nécessaire.

Les jeunes, eux, sont bien loin de toute forme d'institutionnalisation. J'ai pu être dubitatif sur les formes nouvelles d'engagement, mais je ne peux que constater que leurs actions sont efficaces, parce que quand les gens y croient, ça marche, preuve de la bonne adéquation entre une idée et des personnes pour la défendre. Et puis, il vaut mieux avoir confiance en une société plutôt que de lui faire la leçon. Sans compter que le renouvellement des générations influe de fait sur l'action associative. Pour reprendre l'exemple du Planning familial, entre l'année de sa création au début des années 70 et aujourd'hui, le mouvement féministe a, bien sûr, évolué et cette structure aussi. J'aime cette souplesse du monde associatif qui change au gré de la société et de la réalité, c'est son côté innovant.

Pour développer l'engagement auprès des jeunes, je serais favorable à ce que les adolescents « payent » l'Éducation nationale (qui coûte cher aux grandes personnes via leurs impôts) non pas en déboursant de l'argent, mais en s'impliquant dans des actions bénévoles au sein de leur ville ou de leur école. Ça serait une façon de renvoyer l'ascenseur à la société. D'autant plus que ce type d'engagement apprend plein de choses ; j'ai participé à des chantiers de restauration de châteaux étant jeune et j'en ai un très bon souvenir. On pourrait même imaginer que ces actions représentent un coefficient au bac. Cela permettrait aux jeunes de prendre la mesure de ce type d'action, car quand vous êtes engagé au sein d'une association, vous exercez votre pouvoir de citoyen, un pouvoir aussi réel qu'immense : un pompier volontaire éteint de vrais feux et ce faisant il lutte contre la fatalité et l'injustice. »

Propos recueillis par Anne Dhoquois

C'est si bon
d'être aimé !

Développer le désir d'engagement : le best of de nos propositions

Bénévoles, salariés d'associations, observateurs, DRH... Nombreux ont été les interlocuteurs à faire partager leurs réflexions sur le bénévolat, valorisant ses forces ou pointant ses limites. Pour faire avancer le débat, nous avons réuni en fin d'ouvrage quelques-uns de leurs propos et autant de partages d'expériences et de propositions pour développer le désir d'engagement, faciliter le passage à l'acte ou encore mieux prendre en compte les nouvelles aspirations de la jeune génération...

« Au début, on a un capital : des gens qui acceptent de donner du temps. Il faut le faire fructifier, en proposant des outils pour que ce bénévole "électron libre" se sente bien... et reste » (**Laurent Pujol**, maître de conférences en gestion du bénévolat à l'université du Mans ; voir article page 24).

« Dans le bénévolat, vous accompagnez souvent des gens en situation difficile. Vous devez mettre en place des actions dans un univers très contraint du point de vue économique ou environnemental. Vous sortez en outre de votre cadre habituel, celui de la famille, de l'école, et de votre zone de confort pour vous confronter à un autre monde. C'est parfois dur, vous devez composer. Cela vous forge un caractère, vous donne une maturité autre et vous apporte vraiment de l'expérience » (**Marie-Christine Théron**, DRH de SFR ; voir article page 42).

« [En travaillant CV et lettres de motivation, avec des simulations d'entretien et l'aide d'un portfolio de compétences, outil imaginé par Animafac, les jeunes bénévoles prennent conscience qu'ils disposent de] « compétences concrètes et transférables en entreprise : en logistique pour avoir organisé une manifestation, en trésorerie via la recherche de subventions ou les appels à cotisation, en communication pour avoir rédigé un document ou créé un site Internet... Nous les aidons à détailler chaque mission de façon très factuelle, et à traduire en verbes d'action tout ce qu'ils savent faire et qui peut attiser la curiosité d'un recruteur » (**Charlotte Barrès-Gaudin**, cadre généraliste RH ; voir article page 42).

« Avec mon nouveau boss, nous avions beaucoup échangé sur mon expérience aux Restos du cœur, en particulier sur les ateliers de retour à l'emploi. Là-bas, j'avais appris à écouter différemment les personnes avec lesquelles je travaillais, afin d'employer au mieux leurs compétences. Dans mon métier, aujourd'hui, c'est ce que je transmets aux cadres que j'accompagne : apprécier les personnes pour leurs talents. Et dans le monde du bénévolat comme dans celui de l'entreprise, si on capitalise sur les talents, on fait des miracles » (**Marie Augereau**, coach au sein du cabinet Nexmove ; voir article page 42).

« Au niveau des territoires, il faudrait favoriser le secrétariat interassociatif pour décharger les présidents de certaines responsabilités, afin qu'ils consacrent leur énergie à l'action en elle-même. On épuise les bénévoles avec des tâches administratives. Autre idée : créer dans chaque mairie un fichier de personnes prêtes à s'engager et à donner de leur temps. Dans une société de fracture et d'isolement, on peut dire que celles-ci constituent les forces vives de la nation »

(**Jean-Paul Delevoye**, président du Conseil économique, social et environnemental ; voir article page 51).

« La diversité du tissu social d'un pays, c'est un capital humain dont personne ne parle. C'est pourtant un élément fort de la richesse nationale. Au CESE, j'ai demandé à ce qu'on travaille sur de nouveaux indicateurs de richesse, parmi lesquels figure le nombre de bénévoles et d'associations » (**Jean-Paul Delevoye**, président du Conseil économique, social et environnemental ; voir article page 51).

« En banlieue, le bénévolat permet d'avoir un statut social, de se sentir important. L'APCIS (Association pour la promotion culturelle intercommunautaire stanoise) a accueilli plein de jeunes qui en avaient marre de galérer et qui avaient envie de faire quelque chose de bien ; c'est un refuge et un repère. Personnellement, ça m'a aussi donné une âme de militante. Je suis née citoyenne à l'APCIS » (**Marie-Ève Point du Jour**, administratrice de l'APCIS, association située à Stains dans le 93 ; voir article page 69).

« Les entreprises qui veulent se lancer dans le mécénat, qu'il soit de compétences ou non, ont parfois des réticences, car ce sont des activités chronophages. Mais c'est pourtant pour elles un excellent levier. Car, en période de crise économique, il est important d'ouvrir les portes, d'aérer, de créer du lien social avec d'autres acteurs de la société et aussi entre les collaborateurs » (**Jean-Michel Pasquier**, directeur général de Koeo.net ; voir article page 81).

« Avec 50 000 "fans" [sur Facebook], nous avons une force de frappe formidable. Ils s'approprient notre message, le démultiplient. Bien sûr, parfois, ils le déforment, mais c'est intéressant pour nous » (**Jean-François Riffaud**, directeur de la communication et du développement des ressources à la Croix-Rouge française ; voir article page 110).

« Le bénévolat, ça fait encore peur à certains. Nous voulions donc créer une forme d'engagement assez libre. Pour rompre l'isolement des personnes âgées, l'association expérimente depuis dix-huit mois Voisin-Âge. Ce site Internet permet aux "voisineurs" et aux "voisinés" de se rencontrer. C'est une sorte de réseau social construit autour d'une personne âgée. Son emploi du temps est partagé entre tous les "crypto-bénévoles" » (**Daniel Bruneau**, directeur de la recherche de fonds et de la communication des Petits Frères des Pauvres ; voir article page 110).

« Venant du marketing, j'ai pensé [que les annonces de recrutement de bénévoles] devaient être plus ciblées, que le candidat devait s'identifier à une action avant même de nous contacter. Nous en avons présenté une vingtaine : certaines collectives, d'autres individuelles (cuisiner dans une pension de famille, visiter une personne à l'hôpital, etc.). Via le Net où elles sont présentées, chacun postule déjà pour celle qui lui convient. Toutes les personnes candidates sont contactées ensuite par téléphone » (**Samia Achour**, responsable de la communication de la fraternité Paris-Ouest des Petits Frères des Pauvres ; voir article page 123).

« [Notre] culture de l'écrit – [Le guide et la mallette du génépiste, les préparations de séances auprès des détenus, la charte de l'association…] – évite toute confiscation possible de l'association par des individus […]. Il n'y a que trois salariés au Genepi. Ils sont là en soutien pour le travail administratif, mais en aucun cas ils ne s'occupent de la gouvernance de l'association » (**Marie Classine**, vice-présidente du Genepi, en charge de la communication ; voir article page 129).

« J'avais envie d'aider la recherche médicale. Mais je ne suis ni chercheuse ni médecin. Mon mode d'action, c'est d'organiser des manifestations pour sensibiliser le plus grand nombre au syndrome de Williams, mais aussi à la différence, et en profiter pour récolter des fonds, lancer des projets de recherche… Autant d'actions innovantes qui ont donné naissance à d'autres et à beaucoup de bonheur partagé » (**Anne-Laure Thomas**, fondatrice d'Autour des Williams ; voir article page 136).

« [Génération précaire, Jeudi noir, La France qui se lève tôt, Sauvons les riches], ce sont des actions à vocation médiatique, des revendications à caractère politique, le tout emballé de manière festive. [Ces nouveaux bénévoles] sont rétifs aux modes d'action traditionnels. Les animateurs sont, certes, des militants dans l'âme mais tous les autres qui participent à nos actions sont plus spontanés, plus frais, moins formatés » (**Manuel Domergue**, militant à Jeudi noir ; voir article page 147).

« Pour développer l'engagement auprès des jeunes, je serais favorable à ce que les adolescents "payent" l'Éducation nationale (qui coûte cher aux grandes personnes via leurs impôts) non pas en déboursant de l'argent, mais en s'impliquant dans des actions bénévoles au sein de leur ville ou de leur école. Ça serait une façon de renvoyer l'ascenseur à la société. D'autant plus que ce type d'engagement apprend plein de choses ; j'ai participé à des chantiers de restauration de châteaux étant jeune et j'en ai un très bon souvenir. On pourrait même imaginer que ces actions représentent un coefficient au bac » (**Alexandre Jardin**, écrivain et fondateur de Lire et faire lire ; voir article page 154).

POSTFACE

En refermant cet ouvrage, on ne peut que se dire : quelle multitude de parcours, quelle variété de contextes, quelle foule de bénévolats, quelle richesse humaine ! Et quelle valeur pour la société !

En tant que président de France Bénévolat, j'ai bien conscience que nombre de gens ne connaissent pas réellement le bénévolat. Il est d'ailleurs dans nos missions de contribuer à le faire connaître. C'est pourquoi cet ouvrage nous semble aussi salutaire et intéressant : il réunit une somme de points de vue, de portraits, d'analyses, qui dessine une photographie passionnante du bénévolat aujourd'hui. Et salutaire, oui, car au regard des valeurs véhiculées dans notre société, faire quelque chose pour « rien », sans être payé, juste parce qu'on a envie de le faire… cela en étonne plus d'un.

Pour preuves, quelques tranches de vie saisies sur le vif. Telle cette conversation entendue dans le métro parisien entre deux jeunes d'une vingtaine d'années.

« J'ai été bénévole aux Solidays pendant trois jours. Quel boulot ! Je suis crevé, mais c'était génial !

– Je ne comprends pas, tu as été bénévole… ça veut dire que tu les as aidés ?

– Oui, j'étais sur un stand, je donnais des infos sur la maladie, des conseils de prévention.

– Mais tu as gagné quoi ?

– Rien, j'étais bénévole !

– Rien… du tout ? Tu n'as rien touché ?

– Mais non, un bénévole n'est pas payé ! Tu sais, l'ambiance était top, j'ai rencontré des gens super et je recommencerai l'année prochaine ! »

Autre génération, même phénomène. Un homme, la quarantaine, sur un forum associatif, qui s'approche du stand France Bénévolat :

« Bonjour, je recherche une activité bénévole, et j'aimerais surtout un bénévolat rémunéré.

– Un bénévolat n'est jamais rémunéré, monsieur. C'est une activité choisie librement, qui ne peut jamais donner lieu à une rétribution.

– Mais si, je connais des gens qui sont bénévoles et qui touchent un dédommagement. Sinon, pourquoi faire du bénévolat ? »

La question est très actuelle : pourquoi faire du bénévolat ?

Pourquoi a-t-on collectivement autant de difficultés à reconnaître ces actions, évidemment non marchandes ? Est-ce le fait d'une société essentiellement habitée par la valeur financière ? Est-ce une construction héritée de l'État-providence, où l'on attendait traditionnellement des pouvoirs publics la prise en charge de toutes les actions d'intérêt général ? Est-ce une situation engendrée par un manque de visibilité des associations et de leur travail, dû à l'émiettement de nos associations, plus nombreuses sur notre territoire que dans l'ensemble des États-Unis ?

Quoi qu'il en soit, le monde des bénévoles est là, actif, impliqué, imaginatif, brouillon à l'occasion, bouillonnant souvent, essoufflé et vieillissant parfois… Il est en tout cas profondément divers, et c'est peut-être aussi cette diversité qui rend la photo floue. Mais, il est là, qui prend à bras-le-corps le lien social de proximité. Qui défend l'environnement et fait évoluer les pratiques écologiques de chacun. Qui permet la pratique sportive, aux plus jeunes comme aux autres. Qui imagine des solutions pour ramener du lien humain dans la vie de personnes âgées. Qui colmate les difficultés sociales des banlieues. Qui aide les personnes atteintes d'un handicap.

Qui contribue à faire mieux connaître des maladies rares et à accompagner les malades.

À la lecture de ces actions qui font du bien, de ces parcours qui éclairent, de ces portraits de bénévoles très humains et si proches, il ne semble finalement pas si difficile d'être « bienveillant », sens étymologique du terme « bénévole ». Il n'est point besoin d'aller au bout du monde pour exercer des compétences extraordinaires dans des contextes d'urgence humanitaire. Il suffit d'être curieux, de consulter Internet via son moteur de recherche habituel, de pousser la porte d'un centre France Bénévolat, de s'informer sur les associations pas trop loin de chez soi… et on peut aisément « tomber en amour », comme disent les Québécois, d'une association, de sa cause, de son action, de ses valeurs humaines.

Cet ouvrage nous redonne donc le sens des autres, mais sans angélisme. En effet, il laisse aussi la place aux aspérités, aux difficultés, aux obstacles. Il ne craint pas d'aborder les limites du bénévolat, les choses qui dérangent, l'instrumentalisation possible liée aux tentations médiatiques, les associations pas toujours prêtes à accueillir les bonnes volontés comme elles devraient l'être… Regarder en face les réalités, même déplaisantes, permet de réinterroger le phénomène dans son actualité. Non le bénévolat au quotidien n'est pas idéal, car il est ancré dans la vraie vie. Avec ses aspects positifs comme négatifs. Il est porté par des femmes et des hommes, souvent engagés, mais pas toujours présents, qui deviennent experts dans leur action, mais ne sont pas pour autant omniscients. Alors ces hommes et ces femmes sont imparfaits, nécessairement, mais formidables assurément.

Ce regard « grand angle » est rare. Bien sûr, le bénévolat ne fait pas la une du journal de vingt heures. Les médias titrent rarement sur du positif. On ne titre pas non plus sur des actions qui ne sont pas spectaculaires, mais qui le plus souvent fondent leur efficacité dans la durée, dans la relation humaine, dans la régularité. Or, c'est ce type d'action qui caractérise l'essentiel du travail des associations.

Quoi qu'il en soit, aujourd'hui, le phénomène est là : le bénévolat émerge partout – 2011, rappelons-le, fut l'année européenne du bénévolat et du volontariat –, y compris là où sa reconnaissance semblait improbable il y a encore quelques années. En effet, aujourd'hui, les entreprises s'en emparent, s'en mêlent, le soutiennent, incitent leurs salariés à s'y impliquer...

Récemment encore, le rapport Stiglitz préconisait d'enrichir le PIB avec de nouveaux indicateurs statistiques, prenant en compte les activités non marchandes – et notamment le bénévolat. Tout comme le préconise Jean-Paul Delevoye, à la tête du Conseil économique, social et environnemental.

Ainsi, cette enquête met en relief, bouscule, réveille, donne de l'énergie. Elle nous fait voir notre société sous un angle inhabituel, ouvert à l'action, à l'innovation, à la capacité d'indignation, au refus de l'indifférence et du défaitisme. Nous sommes plus habitués à l'analyse morose qu'à l'appel à l'action. Plus habitués à critiquer qu'à construire. Plus habitués, aussi, à considérer que nous n'avons pas de capacité à agir et à changer les choses.

Or, c'est précisément au cœur de l'action humaine que tout se joue, comme l'incarne si bien Stéphane Hessel, comme nous l'a si justement confié Václav Havel : « La sauvegarde de notre monde humain n'est nulle part ailleurs que dans le cœur humain, la pensée humaine, la responsabilité humaine ». C'est en cultivant cet élan d'humanité que nous contribuons positivement à cette ambition. Alors, engageons-nous et continuons à le faire.

Jean Bastide

Président de France Bénévolat*

(Avec la collaboration d'**Anne Poitrenaud**, responsable communication et partenariats)

* **FRANCE BÉNÉVOLAT** est une association reconnue d'utilité publique, dont la vocation est le développement du bénévolat associatif. Trois missions résument ses actions :

- Orienter : en mettant en relation bénévoles et associations.
- Accompagner les associations dans une meilleure gestion de leurs ressources humaines bénévoles.
- Valoriser le bénévolat, au travers d'actions permettant la promotion et la reconnaissance du bénévolat. Pour réaliser ses missions, France Bénévolat s'appuie sur un réseau de 250 points d'accueil ainsi que sur un site Internet : www.francebenevolat.org. Les informations que l'association met à la disposition du public sont issues des nombreuses études et enquêtes qu'elle mène sur le bénévolat. Par ailleurs, France Bénévolat a créé le passeport bénévole, un livret destiné aux bénévoles et aux associations qui permet la reconnaissance de l'expérience bénévole et la valorisation des compétences acquises au travers du bénévolat, en particulier dans le parcours professionnel.

POUR ALLER PLUS LOIN : QUELQUES SITES INTERNET

Les sites institutionnels

- Associations : www.associations.gouv.fr
- Envie d'agir : www.enviedagir.fr
- Service civique : www.service-civique.gouv.fr

Études et recherches

- Cerphi (Centre d'étude et de recherche sur la philanthropie) : www.cerphi.org
- Recherches et Solidarités (un réseau d'experts au service des solidarités) : www.recherches-solidarites.org

Les sites d'informations

- CPCA (Conférence permanente des coordinations associatives) : http://cpca.asso.fr
- Juris associations : www.juriseditions.fr/juris-associations.htm

L'année européenne du bénévolat et du volontariat

- Collectif d'associations pour l'année européenne du bénévolat et du volontariat : www.benevolat2011.org
- Union européenne : http://europa.eu/volunteering/fr/home2

Les sites qui mettent en contact associations et bénévoles

- France Bénévolat : www.francebenevolat.org
- Espace bénévolat : www.espacebenevolat.org

- Je veux aider : www.jeveuxaider.com
- Génération en action (créé par Generali) : www.generation-en-action.com
- Be to be (contribution uniquement à distance) : www.betobe.org
- Coordination Sud (ONG) : www.coordinationsud.org
- Jeune et bénévole : www.jeuneetbenevole.org

Pour valoriser vos compétences bénévoles ou les mettre à disposition des associations

- Passeport bénévole : www.passeport-benevole.org
- Passerelles et compétences : www.passerellesetcompetences.org

Volontariat

- Civiweb : www.civiweb.com
- France volontaires : www.france-volontaires.org

Annuaires d'associations

- Asso1901 : www.asso1901.com
- Tout pour les associations : www.toutpourlesassociations.com
- Refasso : www.association-infoservice.com
- Asso France : www.assofrance.net
- Portail de la solidarité internationale : www.portail-humanitaire.org

Présentation des auteurs

Anne Dhoquois, coordinatrice de ce livre, est journaliste indépendante. Ancienne rédactrice en chef de Place Publique – le site des initiatives citoyennes –, ses domaines de prédilection sont la vie associative, l'économie sociale et solidaire, les banlieues, le développement durable… Pigiste pour la presse écrite, elle est également auteur de plusieurs livres chez Autrement, notamment *Banlieues créatives – 150 actions dans les quartiers* (2006), *Petites fabriques de la démocratie* (avec Marc Hatzfeld, 2007), *Premier emploi : quand les jeunes racontent* (2010). Elle dirige par ailleurs de nombreux ouvrages dans la collection *Mook*/Autrement.

Pour ce livre, elle s'est entourée de journalistes professionnels :

- Journaliste indépendante pour la presse écrite, **Anita Coppet** anime également un site Internet dédié à la beauté et au bien-être (www.estheticfactory.fr).
- **Cécile Coumau** travaille principalement pour *Impact médecin* sur les questions sociétales, mais pige aussi pour d'autres magazines, dont le *Mook*. Elle s'investit par ailleurs dans une association favorisant la réinsertion sociale des plus précaires.
- **Ariane Dollfus** est journaliste à l'agence de presse Rue des Pommiers, en charge notamment de l'actualité culturelle.
- **Claire de Guillebon** est pigiste pour différentes revues ; elle se spécialise dans la communication d'associations, notamment confessionnelles.
- **Bénédicte de Valicourt** est pigiste pour de nombreux magazines dont *Le Nouvel Observateur*, *Géo*, *Coiffure de Paris*…

• Journaliste et auteur, **Philippe Gagnebet** développe le projet d'un grand média alternatif sur le sud de la France, *FritureMag* (www.frituremag.info).

• **Mathias Germain** est journaliste, spécialisé notamment dans les questions de santé.

• **Yves Gillis** est journaliste, mais aussi réalisateur et conseil en communication.

• **Christel Leca** est journaliste, spécialisée dans l'environnement ; elle participe à divers magazines (dont le *Mook*) et sites Internet.

• **Magali Michel** collabore à la presse régionale et magazine, mais aussi à *L'1visible*, mensuel gratuit catholique, et à l'émission « Le jour du Seigneur » sur France 2.

• **Sandrine Pageau** est journaliste indépendante, spécialisée dans les questions de société (logement, emploi, éducation...).

Muzo, auteur et illustrateur, travaille régulièrement pour la presse (*Libération*, *Le Monde*...) et l'édition (dernier livre paru : *Un mort par jour*, aux éditions des Arènes, 2011).

Présentation des partenaires

SFR

En 2006, SFR a été la première entreprise française à créer un statut permettant aux collaborateurs de libérer du temps de travail pour se consacrer à un projet associatif : le statut du collaborateur citoyen. Grâce à un forfait temps citoyenneté de 6 à 15 jours par an, les collaborateurs qui le désirent peuvent mener à bien une mission au sein d'une association de leur choix agissant en faveur de l'égalité des chances.

L'engagement, valeur forte de SFR portée par les collaborateurs, s'inscrit dans une démarche de responsabilité sociale d'entreprise, pleinement intégrée à la stratégie. Aussi, pour que chaque collaborateur puisse trouver une formule qui lui convienne, d'autres possibilités d'engagement citoyen leur sont proposées : fonds de soutien citoyen (mécénat financier), congé solidaire, programme de tutorat, statut du collaborateur citoyen (mécénat de compétences), opérations d'engagement bénévole collectif auprès du Sidaction, d'Emmaüs Défi, de la fédération française Handisport... Chaque année, près de 700 collaborateurs, tous métiers et niveaux hiérarchiques confondus, s'engagent à travers la Fondation.

S'il repose sur l'implication des collaborateurs, l'engagement citoyen a toujours été porté et encouragé au plus haut niveau de l'entreprise. « L'engagement de nos collaborateurs est une grande force. Je suis fier de l'enthousiasme avec lequel les collaborateurs se sont saisis de la possibilité de s'investir en devenant tuteur ou en s'engageant auprès d'une association. Chaque jour, ils contribuent à faire du numérique une chance », déclare Frank Esser, président-directeur général de SFR et président de la fondation SFR.

À travers ce livre, SFR remercie les collaborateurs qui font vivre la démarche citoyenne de l'entreprise ; leur engagement nous tient à cœur !

Pour en savoir plus sur nos actions et engagements, consultez le site "sfr.com", rubrique « Nos engagements ».

GENERALI

Assureur engagé dans une politique active de responsabilité sociétale depuis une décennie, Generali exprime, à travers sa signature institutionnelle « Génération responsable », sa volonté d'encourager tous ceux qui participent à la construction d'un futur plus respectueux des grands équilibres sociaux et environnementaux.

En 2008, l'entreprise lance un site participatif, selon le modèle alors naissant du Web 2.0. Son objectif ? Favoriser la rencontre des porteurs de projets associatifs et des bénévoles pour développer leur action commune dans les domaines de l'insertion et de la réinsertion, de l'aide à la personne, de la protection de l'environnement et de la biodiversité, de la préservation des patrimoines culturels.

Aujourd'hui, l'audience de www.generation-en-action.com se développe grâce à la collaboration avec France Bénévolat : 1700 associations fédérant l'engagement de plus de 25 000 bénévoles ont choisi d'y promouvoir leur action.

Ce site est une illustration réinterprétée de la mission cardinale d'un assureur : organiser les mécanismes de solidarité entre les hommes pour prévenir les risques et concourir à aider ceux sur lesquels les maux s'abattent, tout en participant à la préparation de leur avenir.

Il jette aussi un pont de plus entre deux mondes : celui de l'entreprise et celui des associations. Ils évoluent encore trop en parallèle quand leurs complémentarités pourraient être source de création de valeur. Generali a ainsi apporté des moyens et mobilisé l'expertise d'agences, d'ergonomes, de rédacteurs pour valoriser l'action des associations, présentes 24 heures sur 24 sur le terrain.

De la même façon, en soutenant les Entrepreneurs d'avenir qui veulent conjuguer performance économique et équilibres sociétaux (www.entrepreneursdavenir.com), les initiatives vertueuses des clubs sportifs (www.sport-responsable.com), Generali encourage les actions exemplaires, sur tous les terrains.

En participant à l'édition de ce livre, Generali contribue une nouvelle fois à la mise à l'honneur de tous ceux, anonymes et discrets, dont l'engagement et la ténacité au quotidien forcent l'admiration et participent à rendre la société plus solidaire et plus responsable.

HSBC

En 2010, HSBC France a fait des dons à hauteur de 1,8 millions d'euros à des associations. Près de 40 % des collaborateurs se sont mobilisés à titre bénévole pour accompagner les bénéficiaires.

Les programmes de mécénat éducation et environnement de HSBC France, en faveur de la réussite des jeunes générations et de la protection de l'environnement, constituent un engagement fort de l'entreprise pour sensibiliser les collaborateurs à ces enjeux.

Le groupe est persuadé que cette implication démontre la capacité de tous à travailler ensemble, à diminuer les barrières culturelles et sociales pour participer à l'édification d'un monde plus durable et équitable.

C'est pourquoi tous les projets soutenus par le groupe proposent aux collaborateurs HSBC France de s'investir dans des actions de bénévolat, individuellement ou en équipe.

L'engagement des collaborateurs auprès des associations soutenues par la Fondation HSBC pour l'éducation a permis, par exemple, la création de sites Internet, d'albums en braille pour des jeunes non-voyants, l'accompagnement de jeunes enfants à des sorties culturelles, ou encore l'organisation de visites de présentation des métiers de la banque et de stages de découverte professionnelle pour des collégiens et lycéens étudiant en zones d'éducation prioritaires.

Le partenariat signé en juin 2011 avec l'ONF (Office nationale des forêts) a également permis à de nombreux collaborateurs de mener des actions sur le terrain en faveur de la protection de l'environnement.

Achevé d'imprimer en octobre 2011 sur les presses de l'imprimerie
Corlet à Condé-sur-Noireau, France, pour le compte des Éditions
Autrement, 77 rue du Faubourg-Saint-Antoine, 75011 Paris.
Tél. : 01 44 73 80 00. Fax : 01 44 73 00 12.
E-mail : contact@autrement.com. N° d'imprimeur : 141440
ISBN : 978-2-7467-3130-1. Dépôt légal : novembre 2011.